Die häufigsten Fragen im Umgang mit

Welpen

Sonja Landolt

Impressum

Aus Gründen der besseren Lesbarkeit werden im vorliegenden Buch personenbezogene Funktionen in der Regel nur in der männlichen Form angegeben. Sie erstrecken sich aber selbstverständlich auf beide Geschlechter.

«Die häufigsten Fragen im Umgang mit Welpen»
Sonja Landolt

ISBN 978-3-9523030-2-3

© 2008, RORO-PRESS VERLAG AG, CH-8305 Dietlikon
Alle Rechte vorbehalten
1. Auflage Mai 2008
Redaktion: Jolanda Giger-Merki
Layout: Pia Koster
Lektorat: Günther Pehm
Produktion: GU-Print AG, CH-8902 Urdorf

Die Bild- und Illustrationshinweise sind auf Seite 180. Der Verlag ist bemüht, die Autoren von Abbildungen zu ermitteln. Sollte im Einzelfall gegenüber dem Verlag der Nachweis einer ungeklärten Autorenschaft geführt werden, wird das übliche Honorar nachträglich bezahlt.

Wir bedanken uns bei allen Personen, die uns bei der Realisation dieses Buches hilfreich unterstützt haben. Ein herzliches Dankeschön richten wir auch an jene Hundehalter, deren Hunde wir in diesem Buch abbilden durften.

Sämtliche Inhalte wie Texte, Bilder, Grafiken, Illustrationen sowie das Layout sind urheberrechtlich geschützt. Jeglicher Nachdruck sowie die elektronische Verbreitung im Internet oder auf CD, auch auszugsweise, ist nur mit schriftlicher Genehmigung der RORO-PRESS VERLAG AG gestattet. Zuwiderhandlungen werden geahndet.

RORO-PRESS VERLAG AG, Erlenweg, CH-8305 Dietlikon
Verlagshaus der Zeitschriften «Schweizer Hunde Magazin» und «Katzen Magazin»
Telefon +41 44 835 77 35, Fax +41 44 835 77 05, E-Mail info@hundemagazin.ch
www.hundemagazin.ch   www.katzenmagazin.ch

Bibliografische Informationen:
Das «Schweizer Buch», Schweizerische Nationalbibliografie
sowie das «Schweizer Buch» online im Bibliothekskatalog Helveticat
www.helveticat.ch, der Schweizerischen Nationalbibliothek
Die Deutsche Bibliothek: http://dnb.ddb.de

Für Manuel Plattner
Schön, dass Du an meiner Seite bist!

«Das Wesentliche auf dieser
Welt ist unsichtbar.»

Antoine de Saint-Exupéry

Inhaltsverzeichnis

Vorwort	7
Die Idee zu diesem Buch und wem es zu verdanken ist	8
Was Sie erwartet	10
Basiswissen zu diesem Buch	12
Alleinsein – Vermeiden von Verlassenheitsangst	13
Gleichzeitig Erlebtes und Empfundenes verknüpft sich	14
Kindchenschema beim Welpen	14
Konfliktreaktionen	15
Animieren – Motivieren – Loben	16
Beruhigende Medikamente in der Verhaltensentwicklung	18
Mit dem Welpen spielen	19
Beisshemmung	20
Disziplinieren – Zurechtweisen	21
Ein unerwünschtes Verhalten hat sich eingeschlichen	22
Die Auswahl des passenden Hundes	24
Aussehen	25
Eigenschaften	25
Informationen zur Rasse, Rassenmischung	26
Aufzuchtsbedingungen	26
Betreuung	26
Verhalten	27
Erkundungsausflüge	27
Übertriebene Hilfestellung	27
Unnötige Belastungen	28
Übertypisierte Körper- und Verhaltensmerkmale	28
Freundschaft	29
Checkliste I – Fragen an den Züchter	30
Checkliste II – Utensilien für den Start	34
Checkliste III – Vorbereitung vor der Übernahme und Planung der Abholung	
Vorkehrungen für die Eingewöhnung	38
Optimale Startbedingungen	42
Wichtigkeit der Bindung, Kommunikation und Struktur	43
Fürsorgegarant	43
Elemente, die den Bindungsaufbau zum Fürsorgegaranten fördern	44
Bindungsprobleme und mögliche Folgen	44
Miteinbezug der Familie	45
Den Welpen bei sich aufnehmen – Familienanschluss gewähren	45
Der Welpe fühlt sich wohl	46
Der geeignete Umgang mit Ihrem Welpen	48
Vorerfahrungen des Welpen berücksichtigen	49
Die Bedeutung von erstmaligen Erlebnissen	49
Einschätzung der grundlegenden Temperamentseigenschaften Ihres Welpen	50
Richtungsweisendes Eingehen auf die Entwicklung und das Temperament des Welpen	50
Ungünstige Eigendressur vermeiden	51

Berücksichtigung von Temperamentsmerkmalen im allgemeinen Umgang	51
Beobachten und feinfühliges Eingehen auf ein Lerngeschehen	52
Die richtige Lernstimmung	52
Das gemeinsame Spiel	53
Veränderung des Welpen	54
Ab ins Auto!	**56**
Abholung beim Züchter mit dem Auto	57
Erste Autofahrten	57
Gewöhnung an den Platz im Auto	61
Erbrechen während dem Autofahren	62
Unruhe, Wimmern etc. während der Fahrt	62
Die ersten Tage im neuen Zuhause	**66**
Eingewöhnung in den Tagesablauf	67
Worauf geachtet werden soll, wenn Besuch kommt	67
Gewöhnung an die Stubenreinheit	69
Was tun, wenn es drinnen passiert	69
Stubenreinheit in der Nacht	69
Gewöhnung ans Alleinsein	72
Wie lange kann der Welpe alleine sein?	72
Heulen, bellen, Dinge zerstören, wenn der Welpe alleine ist	72
Anbinden, um ein ständiges Nachfolgen zu vermeiden	75
Unterschiede zu anderen Welpen, die schon alleine sein können	75
Treppensteigen	76
Herumklettern	76
Hochstehen an anderen Leuten	78
Warum will der Welpe immer zum Gesicht?	78
Der Schlaf- und Ruheplatz	**80**
Gewöhnung an den Schlafplatz	81
Wo soll der Welpe schlafen?	81
Transportbox: Gewöhnung und Verwendungsmöglichkeiten	**86**
Grösse und Eigenschaften, die beim Kauf beachtet werden sollen	87
Gewöhnung an die Transportbox	87
... durch den Magen	**90**
Herumrennen nach dem Fressen	91
Magendrehung	91
Fressen von unappetitlichen Dingen	93
Schlammbäder und unerwünschte Verhaltensweisen	93
Dem Welpen das Leben zutrauen	**96**
Dauer des Spazierganges	97
Wenn der Welpe lieber zu Hause bleibt	97
Den Welpen von der Leine lassen	99
Hinter etwas oder jemandem herrennen	99
Wann kann man den Welpen draussen frei laufen lassen?	102
Angst, den Welpen frei zu lassen	104
Heranrufen des Welpen	105

Der Welpe reagiert nicht auf das Hörzeichen zum Herankommen	105
Der Welpe lässt sich nicht einfangen	107
Der Welpe gehorcht nicht mehr beim Heranrufen	108
Spielen mit anderen Hunden auf dem Spaziergang	112
Die Begegnung mit erwachsenen Hunden	112
Kurzübersicht: den Welpen herbeirufen	118
Spitze Welpenzähne	**120**
Im Spiel mit Kindern	121
Das Spiel wird immer heftiger – Zwicken in Hosenbein, Wade, Hände	126
Unsanftes Zubeissen im Spiel	129
Einüben der Beisshemmung	129
Übermütig – wie ein junger Hund	**132**
Ungestümes Verhalten im Wohnbereich	133
Wenn schimpfen nichts nützt	133
Die Situation unter Kontrolle bringen	133
An der Leine laufen – was steckt dahinter?	**138**
Warum ziehen Welpen an der Leine	138
Der Welpe wehrt sich gegen Halsband und Leine	140
Rückwärts aus dem Halsband schlüpfen	140
Rucken an der Leine	142
Der Welpe ist beeindruckt und will nicht mehr weitergehen	144
Immer in der gleichen Situation will der Welpe nicht mitkommen	147
Anleinen bei Hundebegegnungen	148
Gegenseitiges Beschnuppern von angeleinten Hunden	148
Abgewöhnen vom Ziehen an der Leine	150
Grundsteine legen zum Laufen an der lockeren Leine	152
Anbahnen der Erziehung – Erlernen von «Sitz» auf Zeichen des Fürsorgegaranten	**158**
Vermitteln von ersten Übungen	160
Auswahl von Hör- und Sichtzeichen	161
Die Übung «Sitz» in den Alltag einbauen	161
Rangordnung in der Situation der Nahrungsaufnahme	163
Sitzübung bei sehr kleinen Welpen	165
Wenn mehrere Hunde anwesend sind	166
Der Welpe interessiert sich nicht für das Futter	166
Andere Möglichkeiten der Sitzübung ausserhalb der Fütterungssituation	166
Wann kann sich der Welpe auf Hör- und Sichtzeichen hinsetzen?	168
Den Welpen in neuen Situationen zum Hinsetzen auffordern	168
Futter zur Animation und Belohnung – Sinn und Unsinn	169
Sitzen an der Seite des Fürsorgegaranten (im «Fuss»)	169
Druck, Zwang und schlechte Stimmung in der Hundeerziehung	170
1 x 1 für weitere neue Übungen	170
Anhang	**173**
Literaturverzeichnis	173
Stichwortverzeichnis	175
Bildnachweise	180

Vorwort

Einen Welpen zu übernehmen, für ihn verantwortlich zu sein und dafür zu sorgen, dass er zu einem angenehmen, gesellschaftsverträglichen Hund heranwächst, ist eine schöne Aufgabe. Sie verspricht eine spannende Zeit, in der man die Entwicklung eines jungen Lebewesens beobachten und vor allem selbst gestalten kann. Es ist jedoch auch eine Zeit des höchsten Informationsbedürfnisses für den frischgebackenen Hundehalter. Und selbst der Routinier wird hie und da die Stirn runzeln und nach Antworten und Lösungen für das eine oder andere Problem suchen. Da kommt das Buch von Sonja Landolt wie gerufen.

Dieser praxisbezogene Ratgeber, in gut verständlicher Sprache, ist die konsequente Antwort auf den grossen Anklang der gleichnamigen Artikelserie im Schweizer Hunde Magazin. Die Autorin versteht es ausgezeichnet, die praktischen Ratschläge mit theoretischem Hintergrund zu unterlegen. Somit weiss der Leser nicht nur, was er in einem bestimmten Moment machen kann. Es wird ihm damit auch das Rüstzeug an die Hand gegeben, anderen Problemen und Fragestellungen selbst auf den Grund zu gehen und selbst Lösungen zu erarbeiten. In dem Kapitel Basiswissen werden nämlich theoretische Grundlagen für viele Verhaltensweisen des Welpen erklärt, ohne den Rahmen dieses praxisbezogenen Werkes zu sprengen. Und dort wo ergänzende Informationen hilfreich oder notwendig sind, wird auf weiterführende Primärliteratur verwiesen.

Die weiteren Kapitel sind in der Reihenfolge jeweils solchen Themenkreisen zugeordnet, wie sich das eben aus dem täglichen Zusammenleben mit dem neuen Hausgenossen im Allgemeinen oft entwickelt. Die Autorin versetzt sich einfühlsam in die Lage des Welpenbesitzers und stellt sich auch aus eigener Erfahrung die aufkommenden Fragen, die sie dann schrittweise beantwortet. Dabei verweist sie auch auf Zusammenhänge mit anderen Fragestellungen in diesem Buch und so entsteht ein Netzwerk aus praktischen Antworten und hilfreichen Informationen, auf die der Leser je nach Bedarf zugreifen kann. Dies reicht von ganz einfachen Fragen nach Ausrüstung und Vorbereitung (siehe Checklisten) über die Eingewöhnung im neuen Heim (Die ersten Tage im neuen Zuhause) bis hin zu den komplexen Zusammenhängen der Angstbewältigung (Dem Welpen das Leben zutrauen).

Sonja Landolt, selbst jahrelang Spielgruppenleiterin bei den Modell- und Muster-Prägungsspieltagen in Zürich, zeigt ein starkes, von innen kommendes Interesse für die Bedürfnisse des Welpen und seinen Halter. Ihr Werk zeichnet sich durch ein aufrichtiges Verstehen- und Unterstützenwollen aus. Es liegt ihr sehr am Herzen, dass ein naturorientiertes Verständnis für den Umgang mit dem Hund im Vordergrund steht und dieses in unserer zivilisationsbezogenen Gesellschaft nicht untergeht. Dies ist nicht nur spürbar, wenn sie in der Praxis eine Gruppe leitet. Auch in diesem Buch wird der Welpenbesitzer in seiner Emotionalität angesprochen und seine Sorgen ernst genommen. Das der Autorin so eigene spitzbübische Augenzwinkern zwischen den Zeilen verleitet zudem hie und da zu einem befreienden und verbindenden Schmunzeln.

Diesem Buch ist eine weite Verbreitung zu wünschen und es wird so vielen Welpenbesitzern eine hilfreiche Stütze und ihren Vierbeinern ein guter Schutzengel sein.

Dina Berlowitz
CH-Aeugstertal (Zürich), im Februar 2008

Die Idee zu diesem Buch und wem es zu verdanken ist

Wozu dieses Buch?
Guten Mutes haben Sie einen jungen Hund ausgewählt und freuen sich darauf, viele schöne Jahre mit ihm zusammen zu verbringen. Der Welpe bringt neuen Schwung in den Alltag und stellt so manches Familienleben gründlich auf den Kopf. Viele Situationen meistert man zusammen mit dem neuen vierbeinigen Partner und freut sich über die Fortschritte, die man im Zusammenleben erzielt. Manchmal tauchen aber auch Schwierigkeiten im Umgang mit dem Welpen auf, mit denen man nicht gerechnet hat. Nun ist guter, fachkundiger Rat nötig, denn gerade die Anfangsphase ist richtungsweisend für die Zukunft und grundlegende Fehler sind nur schwer korrigierbar.

Woher kommen die Fragen?
Fragen, die zu Themen rund um den Welpen auftauchen, können bei den Modell- und Muster-Prägungsspieltagen von Dina Berlowitz und Team, begleitet von Heinz Weidt in Zürich-Oerlikon/Schweiz gerne gestellt werden. Hier werden Ihre Anliegen und die Bedürfnisse Ihres Welpen ernst genommen sowie – wenn immer möglich – Fragen fachgerecht beantwortet. Die häufigsten Fragen der Teilnehmer bilden den inhaltlichen Leitfaden dieses Buches.

Wer ist dieses Team, das die Fragen beantwortet?
Es ist eine aufgestellte, sehr engagierte Gruppe von Frauen und Männern, die bei jedem Wetter mit viel Enthusiasmus und fundiertem Wissen die Welpenspielgruppen leitet. Alle haben die Ausbildung der Kynologos AG als Spielgruppenleiter von Prägungsspieltagen nach dem Originalkonzept von Heinz Weidt und Dina Berlowitz abgeschlossen. In zahlreichen Diskussionsrunden und Weiterbildungen, teilweise unter Zuzug von weiteren Fachleuten, wird eine stetige Wissenserweiterung gefördert, um Verhaltensfragen auf den Grund zu gehen.

Wer schreibt dieses Buch?
Als langjähriges Mitglied dieses Teams habe ich in diesem Buch die Aufgabe wahrgenommen, für die häufigsten Fragen anhand von Antworten und Beispielen aus der Praxis und Anregun-

gen aus der Fachliteratur (siehe Literaturverzeichnis) einen welpengerechten und fundierten Lösungsweg schriftlich festzuhalten. Die vorangegangene gleichnamige Artikelserie im Schweizer Hunde Magazin (SHM) bildet die Basis dieses Buches und wurde mit wichtigen Informationen und Checklisten ergänzt. Dabei wird besonders auch den Hintergründen für das Verhalten des Welpen Beachtung geschenkt, damit Sie als Leser die Möglichkeit erhalten, die Welpen zu verstehen und Probleme im Umgang gar nicht erst entstehen zu lassen.

Wem ist dieses Buch sonst noch zu verdanken?

Natürlich ganz besonders dem Team der Modell- und Muster-Prägungsspieltage: «Bei Euch möchte ich mich für die vielen gemeinsamen Praxisstunden und Diskussionsrunden bedanken, in denen wir zusammen im Dienste der Teilnehmer und Welpen gewirkt haben und weiter wirken werden.» *Dina Berlowitz und Heinz Weidt:* «Ich danke Euch an dieser Stelle für Eure unermüdliche, kynologische Forschungsarbeit, dafür, auch heikle Themen nicht zu scheuen, und für die Kraft, diese Arbeiten zu veröffentlichen. Für mich und die Entstehung dieses Buches war und ist es sehr wertvoll, dass Ihr immer bereit seid, Euer Wissen zu teilen!» *Den Mitarbeitern des Roro-Press Verlags, dabei hauptsächlich Jolanda Giger:* «Mit Deinem umfangreichen Wissen im Hundewesen und Deinen konstruktiven Kritiken warst Du mir auf dem Weg zu diesem Buch eine unverzichtbare Hilfe.» *Meinem Partner Manuel Plattner:* «Merci für Deine offenen Ohren – egal zu welcher Tages- und Nachtzeit – Du bist immer für mich und meine Anliegen da!» *Meinen Eltern, Susi Frauenfelder-Landolt und Franz Landolt, sowie meiner Schwester, Carmen Bamberger-Landolt:* «Die motivierenden Gespräche und das Aufzeigen verschiedener Perspektiven waren ein grosser Beitrag zu diesem Buch. Ohne Euren Rückhalt wäre es mir nicht möglich gewesen, dieses Projekt zu verwirklichen.»

Sonja Landolt
CH-Wenslingen, Frühjahr 2008

Dieses Buch beruht auf den Grundlagen der Modell- und Muster-Prägungsspieltage von Dina Berlowitz und Team, begleitet durch den Begründer Heinz Weidt. Prägungsspieltage: Verhaltenskundlich und tierpsychologisch ausgerichtetes Konzept als naturorientierte Verhaltensschule, begründet durch Heinz Weidt, 1983.

Was Sie erwartet

Mein Wegbegleiter in der Kindheit war unser Schäferhundmischling «Tirass». Das gemeinsame Aufwachsen war eine wunderschöne, innige Erfahrung, die mich positiv geprägt hat.

Liebe Leserin und lieber Leser

Zieht das erste Mal ein Welpe in Ihren Haushalt ein? Oder ist es schon so lange her, dass ein Welpe bei Ihnen Einzug hielt und Sie gar nicht mehr wissen, wie es war?

In beiden Fällen kann Ihnen dieses Buch eine Starthilfe bieten. Vielen Welpenbesitzern geht es ähnlich und immer wieder fragt man sich: «Was kann ich tun, wenn dies oder jenes passiert?» «Wie kann ich Einfluss auf ein Verhalten nehmen?» «Ändert sich vieles, wenn der Welpe erwachsen wird?» Oder man fragt sich vielleicht auch manchmal: «Hoffentlich ist das normal ...»

Es kann hilfreich sein, zu wissen, dass es anderen Menschen mit ihren Welpen ähnlich geht und ähnliche Sorgen vorhanden sind. Das kann beruhigen und einem die nötige Gelassenheit und Objektivität geben, mit gewissen Situationen umzugehen. In den verschiedenen Kapiteln werden konkrete Lösungswege vermittelt, aber auch – und das ist fast noch wichtiger – die Hintergründe, die möglicherweise das unerwünschte Verhalten des Welpen ausgelöst haben.

Da die individuelle Situation immer etwas anders aussehen kann, als in diesem Buch dargestellt, ist es wichtig, die Bedürfnisse des Welpen zu verstehen und die Gründe für das Verhalten zu erkennen. Daraus ergeben sich ineinandergreifende Puzzleteile, aus welchen Sie sich Ihren eigenen, auf Ihren Welpen und die jeweilige Situation zugeschnittenen Lösungsweg zusammenfügen können. Von zentraler Bedeutung ist es dabei immer, den Welpen nicht zu überfordern. Stets soll dem Entwicklungsstand, dem inneren Reifegrad und dem Stand der Lernerfahrungen Rücksicht getragen werden.

Gehorsamsübungen sind natürlich ein wichtiger Bestandteil in der Welpenerziehung. Allerdings dürfen sie nicht über die natürlichen Bedürfnisse des Welpen gestellt werden. Das wichtigste Element ist die sichere Bindung zum Fürsorgegaranten. Dies ist nicht zu verwechseln mit einer «engen» Bindung! «Eng» würde bedeuten, dass der Welpe an der Bezugsperson «klebt» und sich nicht traut, sich von ihr zu lösen. Diese Unsicherheit kann anfänglich vor allem in neuen Situationen bestehen, wird sich aber mit der Entwicklung einer sicheren Bindung und positiven Erfahrungen in (Selbst-)Sicherheit wandeln. Beim Welpen äussert sich das durch Erkundungsfreude, Spielaktivität und auch immer wieder durch ein kurzes Rückversichern zum Fürsorgegaranten (z. B. Aufnehmen von Blickkontakt) – was selbstverständlich erwidert werden muss. Diese innere, sicherheitsvermittelnde Bindung ist für eine welpengerechte Erziehung unerlässlich.

Freuen Sie sich darauf, mit Zeit, offenem Herzen und fundiertem Wissen, dem Welpen die Möglichkeit zu bieten, diesen feinen inneren Draht aufzubauen. Dadurch können eine gemeinsame Kommunikationsebene gefunden sowie Grenzen erfüllt und gesetzt werden. Erleben Sie dabei, wie bereichernd die Freundschaft mit dem Partner «Hund» sein kann, der zwar anders ist, aber in manchen Dingen doch ganz ähnlich fühlt wie wir.

Ach ja, da ist noch etwas: Verzweifeln Sie nicht, wenn auch einmal etwas nicht ganz gerade läuft. Die Natur ist auch in einer gewissen Weise fehlerfreundlich, solange sich nicht grundlegende Systemfehler einschleichen oder ein wirklich tiefgreifender Schicksalsschlag die Entwicklung des Welpen beeinträchtigt. Beherzigt man gewisse Grundregeln und bleibt guten Mutes auf dem positiv angebahnten Weg, wird Ihr Welpe auch in einer etwas schärferen Kurve nicht völlig aus der Bahn geworfen.

Mit diesem Buch hoffe ich, Sie auf einem Teil dieses Weges zu begleiten und da und dort beraten zu können.

Sonja Landolt

Basiswissen zu diesem Buch

Hier sind einige wichtige Begriffe und Zusammenhänge beschrieben, die Ihnen helfen, das Verhalten Ihres Welpen zu deuten und zu verstehen. Dieses Hintergrundwissen soll Ihnen ein Begleiter durch die Fragenbeantwortung dieses Buches und die intensive Zeit mit Ihrem Welpen sein.

Alleinsein – Vermeiden von Verlassenheitsangst

Alleinsein ist für den Hund grundsätzlich ein artwidriger Zustand. Ein sich selbst überlassener Welpe fürchtet um sein Leben – was in der Natur sicher auch sinnvoll wäre. Er muss daher in kleinen, ihm zumutbaren Zeitschritten lernen, dass ihm nichts passiert. Das gilt sowohl tagsüber zu Hause, im Garten oder im Auto als auch in der Nacht. Mit der Übung kann begonnen werden, wenn der Welpe Vertrauen in sein neues Zuhause und in seinen Fürsorgegaranten gewonnen hat. Man beginnt damit, den Raum für eine Minute zu verlassen, bleibt der Welpe ruhig, kann man den Zeitschritt langsam erhöhen und auch mal für 2–3 Minuten das Haus verlassen. Je nachdem, wie sich der Welpe verhält, kann man einzelne Zeitschritte mehrere Male wiederholen oder länger wegbleiben. Achten Sie dabei stets darauf, den Welpen nicht zu überfordern. Wenn er in Aufregung gerät oder bei Ihrer Rückkehr anhaltende Konfliktreaktionen zeigt (schütteln, züngeln, sich kratzen, wimmern, nervöses Hecheln usw.), war die Belastung zu gross. Der Zeitraum des Alleinseins muss dann unbedingt nochmals verkürzt werden. Vielleicht sollte aber auch die Situation optimiert werden, in der der Welpe alleine gelassen wird.

Heulendes Hundeelend

Achtung, wer den Welpen längere Zeit unvorbereitet alleine lässt und dabei denkt, der Welpe würde sich schon irgendwann daran gewöhnen, kann sich stark täuschen. Meistens äussert der Welpe seine tiefe, erschütternde Angst des Verlassenseins mit unaufhörlichem Gejammer, dem Zerstören von Gegenständen (Übersprungshandlung), dem Einbruch der Stubenreinheit oder anderem unangenehmen Verhalten, welches sich eher verschlechtert oder verändert als verbessert. Viele Hunde zeigen diese Verhaltensweisen auch noch im erwachsenen Alter, weil sie als Welpe nicht lernen konnten, schrittweise mit dem Alleinsein zurechtzukommen. Die negative (und meist x-fach wiederholte) Erfahrung der Verlassenheitsangst und die damit negativ empfundenen und erlebten Umstände graben sich tief ins Gedächtnis ein. Dieser Angstzustand, der häufig verkannt und fälschlicherweise als «Trotzreaktion» empfunden wird, ist sehr belastend, kaum mehr therapierbar und kann ein Hundeleben lang erhalten bleiben. Sie tun sich und vor allem Ihrem Welpen einen riesigen Gefallen, wenn Sie die oben genannten Informationen zur Gewöhnung an das Alleinsein berücksichtigen. Ein vergleichsweise kleiner Aufwand mit grosser, langlebiger Wirkung!

Ersatzbetreuung

Planen Sie ein, den Welpen in den ersten Wochen durchgängig betreuen zu können und nach der Eingewöhnungsphase das Alleinsein wie oben beschrieben einzuüben. Wenn Sie jedoch aus besonderen Umständen den Welpen länger als er bisher gewohnt ist nicht beaufsichtigen können, sollten Sie möglichst frühzeitig eine Ersatzbetreuung organisieren. Dies sollte eine Person sein, die dem Welpen gut bekannt ist und weiss, wie sie mit ihm in Ihrem Sinn umgehen kann. Je nach Situation ist es vielleicht machbar, dass die Person den Welpen bei Ihnen zu Hause betreut, damit er in seiner vertrauten Umgebung bleiben kann.

Gleichzeitig Erlebtes und Empfundenes verknüpft sich

Positive Verknüpfung
Empfindet der Welpe Freude (z. B. im Spiel), wird er gleichzeitig erlebte Wahrnehmungen wie Geräusche, Düfte und die Erlebnisse positiv einordnen. Somit wird er sich später in ähnlichen Situationen vertraut und sicher verhalten.

Negative Verknüpfung
Empfindet der Welpe Schmerzen oder Angst, wird er gleichzeitig erlebte Wahrnehmungen wie Geräusche, Düfte und das gleichzeitig Erlebte negativ einordnen (z. B. Verlassenheitsangst). Der Welpe wird fortan in ähnlichen Situationen ängstlich reagieren, diese meiden oder sich verteidigen. (Angstbedingte Aggression.)
Ehemals verknüpfte Gefühle können durch ähnliche Situationen immer wieder wachgerufen werden, auch dann, wenn wir nichts davon ahnen.

Kindchenschema beim Welpen

Stark vereinfacht gesagt sind dies: runde Körpermerkmale, kindliche Proportionen, tapsige Bewegungsabläufe, geruchliche Signale.

Wirkung
Das Kindchenschema ermöglicht dem Welpen eine gewisse Narrenfreiheit bei erwachsenen Hunden. Sie reagieren auf freches Verhalten des Welpen mit angemessener Zurückhaltung, was aber nicht heisst, dass sie sich bedingungslos alles gefallen lassen. Dieser «Welpenschutz» erlischt mit dem Herauswachsen der kindlichen Rundungen und Verhältnisgrössen.

Keine Garantie
Nicht jeder erwachsene Hund reagiert zuverlässig auf das Kindchenschema eines Welpen. Seine eigene Wesensentwicklung und soziale Vorerfahrung ist massgeblich an seinem Verhalten beteiligt.

Junghund
Der «Welpenschutz» scheint von pubertierenden

Junghunden noch nicht wirklich erkannt zu werden. Sie spielen dann häufig heftig und ruppig und neigen dazu, den Welpen zu überrennen. Es gilt daher in jedem Fall sorgfältig zu prüfen, ob ein Spiel zwischen Welpe und Junghund sinnvoll ist.

Zuchtauswirkungen
Einige Rassen wurden darauf gezüchtet, auch im erwachsenen Alter noch kindliche Formen zu tragen. Ebenso gibt es Rassen, die bereits im Welpenalter kein eindeutiges Kindchenschema erkennen lassen. Ein Hund, der sich gegenteilig zu seinem Aussehen verhält, kann Konflikte bei anderen erwachsenen Hunden auslösen.
Quelle: «Hundeverhalten – das Lexikon», von Andrea Weidt

Konfliktreaktionen

Konfliktreaktionen, die gehäuft oder salvenartig auftreten, sind Warnzeichen zur inneren, negativen Befindlichkeit des Welpen. Es sind Reaktionen, die der Körperpflege oder anderen natürlichen Verhaltensweisen entspringen, jedoch gezeigt werden, wenn es gar nicht zur Situation passt. Beispiele von Konfliktreaktionen können sein: Kratzen, Gähnen, Lecken der eigenen Schnauze, Schütteln, Wasser saufen, Kläffen, Aufreiten, Vorstehen.

Konflikte bewältigen
Selbstverständlich gehören auch Konflikte zum Leben und das selbstständige Finden einer Lösung und damit die Konfliktbewältigung lässt den Welpen lernen, auch schwierige Situationen zu meistern und daran innerlich zu wachsen. Alarmierend ist es jedoch dann, wenn man dieses, nicht situationsgerechte Verhalten in erhöhter Häufigkeit, Intensität und Dauer, mitunter auch kombiniert, beobachten kann. Helfen Sie in diesem Fall unvermeidliche und für den Welpen nicht alleine bewältigbare Konflikte aufzulösen. Dies kann beispielsweise durch gemeinsames Erkunden und Untersuchen der vermeintlichen Gefahr geschehen oder durch Herbeiführen eines Stimmungsumschwunges durch Spielen oder Ablenken.
Quelle: «Frühwarnkonzept zum Erkennen und Vermeiden umweltbedingter Verhaltensstörungen beim Hund», Heinz Weidt und Dina Berlowitz, SHM 8/1994

Kein Beruhigen in Angstsituationen
Es ist wichtig zu erkennen, dass Konflikte durch Beruhigen oder Trösten nicht aufgelöst werden können. Es hätte vielmehr eine fast umgekehrte Wirkung: Der Welpe würde dadurch für seine Unsicherheit oder Angst belohnt und nicht etwa beruhigt. Durch das unbeabsichtigte Belohnen

bestärkt man die Angstgefühle des Welpen und er wird das damit verbundene Verhalten öfter und intensiver zeigen. Wer sich dieser Tatsache bewusst ist, kann viele ungewollte, aber tief greifende Fehler im Umgang mit dem Welpen und die daraus resultierenden Verhaltensprobleme mit dem erwachsenen Hund vermeiden.

Animieren – Motivieren – Loben

Lernen am Erfolg – das natürliche Belohnungsprinzip

Herausforderungen meistern, hat an sich einen belohnenden Effekt. Stellen Sie sich vor, eine neue Aufgabe erwartet den Welpen. Neugierig, aber mit einer gewissen Vorsicht tastet sich der Welpe an die Situation heran. Er versucht einen Weg zu finden, die Sache zu meistern ... nach einer Weile gelingt es ihm und man kann es ihm ansehen: Er wächst innerlich, es sieht fast so aus, als wäre er selbst stolz auf sich! Der Erfolg belohnt ihn für seine Bemühungen und das positive Erlebnis gibt ihm mehr Selbstvertrauen und macht Lust darauf, weitere Aufgaben in Angriff zu nehmen. Der natürliche Vorgang «Lernen am Erfolg» verdeutlicht, dass es häufig gar nicht nötig ist, den Welpen für eine gelöste Aufgabe zusätzlich mit Futter oder Streicheln zu belohnen. Unangepasstes Belohnen kann den Fluss dieses Lernprinzips sogar empfindlich stören und sollte daher unterlassen werden. Sich jedoch gemeinsam über den Erfolg zu freuen, verbindet innerlich und darf natürlich stimmlich vermittelt werden oder in einem Spiel Ausdruck finden. Für den Welpen ist diese soziale Anerkennung durch den Fürsorgegaranten die bedeutendste Form des Lobes!

Spielerisches Animieren

Den Welpen spielerisch – mit oder ohne Spielzeug – zu verschiedenen Aufgaben zu animieren, ist eine sehr gute Möglichkeit, in einer gelassenen Stimmung Übungen anzubahnen. Es verlangt etwas Geschick und Fantasie, das Spiel so zu lenken, dass daraus beispielsweise die Übung «bei Fuss gehen» (auf der linken Seite des Menschen zu gehen) entstehen kann. Auf diesem Weg kann sich jedoch eine gute Kommunikationsebene zwischen Fürsorgegarant und Welpe entwickeln, was gleichzeitig die Bindung fördert.

Futter zur Motivation / Futterbelohnung

Futter kann am Anfang einer neuen Gehorsamsübung zur Motivation und Belohnung verwendet werden. Wichtig ist, dass das stimmliche Lob und das Hörzeichen immer vor der Futtergabe erfolgen. Sobald der Welpe die Übung verstanden hat (das kann bereits nach wenigen Wiederholungen der Fall sein), wird nur noch in Ausnahmesituationen, beispielsweise in einer neuen Umgebung mit viel Ablenkung, zum Erlangen der Aufmerksamkeit und der positiven Verstärkung der Übung mit einem «Leckerli» gearbeitet. Die Futterbelohnung sollte aber immer seltener werden, denn mit einer sicheren

Bindung zum Fürsorgegaranten ist die Anerkennung durch ein stimmliches Lob und/oder Streicheln weitaus bedeutungsvoller für den Welpen.

Motivation bei Geschicklichkeitsübungen
Wenn es darum geht, motorische Übungen zu machen, wie beispielsweise über ein Wackelbrett oder ein Balancierkarussell zu gehen, sollte auf die Motivation mit Futter völlig verzichtet werden. Ansonsten ist die Aufmerksamkeit des Welpen hauptsächlich auf das Futter gerichtet, anstatt auf die eigentliche Geschicklichkeitsübung. Man kann in einem solchen Fall meistens beobachten, wie ungeschickt der Welpe das Hindernis meistert oder gar herunterfällt, weil er hauptsächlich auf die Hand mit dem Futter konzentriert ist.

Beachten Sie daher für diese Aufgaben Folgendes:
a) Der Welpe nimmt die Herausforderung (nach einer Weile) von sich aus an. Lassen Sie den Dingen ihren Lauf und beobachten Sie, wie Ihr Welpe die Sache meistert. Am Schluss freuen Sie sich mit ihm, wenn er es (teilweise oder ganz) geschafft hat.
b) Der Welpe zögert und traut sich nicht, die Sache in Angriff zu nehmen. Sie sehen aber, dass die Aufgabe für ihn lösbar ist – also keine Überforderung darstellt. Motivieren Sie den Welpen, indem Sie mit den Fingern auf das Hindernis klopfen und damit dem Welpen zeigen, wo er mit den Pfoten hintreten kann. Je nach Höhe des Hindernisses sollten Sie dazu in die Hocke gehen, um eine erdrückende Wirkung von oben herab zu vermeiden. Dazu können Sie aufmunternd und einfühlsam mit dem Welpen reden. Hat er den Anfang geschafft, begleiten Sie ihn ein Stück mit tief gehaltener Hand und lassen ihn dann möglichst selbstständig weitergehen. Begleiten Sie ihn dabei, indem Sie auf gleicher Höhe mitgehen bis zum Ende der Übung, und unterstützen Sie zwischendurch stimmlich, jedoch nur, wenn es nötig ist. Zur anfänglichen Motivation kann anstelle der Hand

auch ein Spielzeug eingesetzt werden. Auch dabei ist es sehr wichtig, dass der Gegenstand tief über dem Hindernis geführt wird. Lassen Sie das Spielzeug unauffällig verschwinden, sobald der Welpe sich selbstständig auf das Hindernis konzentriert. Achten Sie darauf, dass der Welpe nicht zu stark auf das Spielzeug fixiert ist, ansonsten würde eine ähnlich ungünstige Situation wie beim Einsatz von Futter entstehen.
c) Der Welpe ist der Situation nicht gewachsen.
Er traut sich nicht, das Hindernis zu betreten. Er zeigt gehäuft Konfliktreaktionen, meidet das Hindernis und lässt sich von Ihnen nicht motivieren, doch noch einen Schritt zu machen. Diese Übung sollte abgebrochen werden. (Auch dann, wenn der Welpe mit Futter vielleicht zu überreden wäre.) Suchen Sie eine ähnliche Situation, die weniger anspruchsvoll ist. Anstelle des wackeligen Bretts könnte dies ein starres Brett sein, das vielleicht sogar einfach nur ebenerdig hingelegt wird. Konnte der Welpe dieses Brett überqueren, kann das Brett auf zwei Hölzer gelegt werden, damit es einige Zentimeter über Boden liegt. Hat der Welpe auch hier seine Unsicherheit überwinden können, kann das Wackelbrett die nächste Herausforderung darstellen.

Gestalten Sie die Übungen allgemein spielerisch und mit der nötigen Ruhe und Geduld. Überfordern Sie Ihren Welpen nicht mit langen Übungszeiten. Er kann sich noch nicht lange am Stück konzentrieren. Es ist besser, eine Übung in kurze Zeiteinheiten aufzuteilen, anstatt viel auf einmal machen zu wollen. Vermeiden Sie unnötige Wiederholungen (ausser der Welpe bietet sie von sich aus an), da der Welpe sonst bald die Lust daran verlieren kann. Ist die Herausforderung für Ihren Welpen hoch, kann ein Übungsschritt auch an einem anderen Tag wiederholt werden, damit der Welpe wirklich Sicherheit erlangen kann. Lassen Sie immer eine oder mehrere Nächte zwischen den einzelnen Übungselementen verstreichen. Das Gehirn des Welpen verarbeitet das Gelernte im Schlaf und ordnet die Dinge neu ... so lernt er quasi «im Schlaf» dazu und kann neue Herausforderungen an das bereits Erlernte anknüpfen.

Beruhigende Medikamente in der Verhaltensentwicklung

In der Entwicklung normaler, gesunder Welpen sind beruhigende Medikamente unnötig. Denn auch der Umgang und die Stabilität, mit negativen Stimmungen und Erfahrungen zurechtzukommen, gehören in einem gewissen Mass zum Leben. Solche Ängste selbstständig oder mit der Hilfe des Fürsorgegaranten zu überwinden und damit Selbstsicherheit zu gewinnen, sind wichtige und unverzichtbare Elemente in der Wesensentwicklung. Es gehört somit zur verantwortungsbewussten Hundehaltung dazu, den Welpen zum Leben gehörende Schwierigkeiten erleben und bewältigen zu lassen, ohne ihn dabei zu überfordern.

Mit dem Welpen spielen

Immer wieder wird empfohlen, den Welpen mit dem Spielzeug zu animieren oder von etwas anderem abzulenken. Damit dies gelingt, ist das richtige Spielzeug und der Umgang damit wichtig.

Umgang mit Spielzeug
Spielen Sie mit dem Welpen immer bodennah. Machen Sie spannende Bewegungen mit dem Spielzeug und Geräusche mit Ihrer Stimme. In der Regel soll sich das Spielzeug weg vom Welpen bewegen, um ihn zu animieren, die «Ersatzbeute» zu fangen. Sie können das Spielzeug auch um Ihre Beine kreisen oder zur Abwechslung hinter dem Rücken verschwinden lassen. Der Welpe darf seine «Beute» fangen und manchmal auch behalten. Es wäre natürlich einfach für uns, immer zu gewinnen. Aber, würden Sie mit jemandem immer wieder Tauziehen spielen, wenn Sie sowieso jedes Mal verlieren?

Temperament und Spielverhalten
Spielt Ihr Welpe eher aufgedreht und wild, bemühen Sie sich, Ruhe hineinzubringen. Wilde Zerr- und Raufspiele sollten bei diesem Welpen nicht noch mehr gefördert werden. Benützen Sie spannende, interesseweckende, aber nicht hohe und aufputschende stimmliche Reize. Den ruhigeren Welpen können Sie mit einem munteren Spiel etwas mehr aus sich rausholen. Spielen Sie auch mit Ihrer Stimme, hohe Töne und schnellere Bewegungen lassen diesen Welpen aufmerksamer werden.

Übermässige Fixierung auf ein Spielzeug
Gerade bei Welpen, die überaus motiviert auf das Spiel mit Spielzeug ansprechen, muss darauf geachtet werden, dass der Welpe nicht mit Hilfe des Spielzeuges immer wieder in eine übermässig hohe Erregungslage gebracht wird. So, dass er anfängt, richtiggehend «süchtig nach dem Spielzeug in Ihrer Tasche», sämtliches Interesse an der Umwelt zu verlieren. «Spielen Sie den Welpen nicht verrückt», könnte der Leitsatz zu dieser Verhaltenstendenz sein. Im normalen Rahmen ist es jedoch sinnvoll, dem Welpen mit einem Spielzeug und mit Spielverhalten über Unsicherheiten hinwegzuhelfen, ihn an gewisse Herausforderungen heranzuführen oder einfach gemeinsam die entspannte Stimmungslage zu geniessen.

Ein Ball an einer Schnur kann gut zum Erlangen der Aufmerksamkeit des Welpen eingesetzt werden.

Auswahl von geeignetem Spielzeug
Diverses im Handel erhältliches oder selbst gebasteltes Spielzeug, an dem der Welpe und die Bezugsperson gleichzeitig halten können, eignet sich

sehr. Zum Beispiel: Tauknoten, Bälle mit Seil usw. Diese Spielzeuge können Sie selber «zum Leben erwecken». Machen Sie Geräusche mit der Stimme und bringen Sie Bewegung ins Spiel. Damit sind diese Spielzeuge anpassungsfähig und können je nach Situation leise und spannend oder geräuschvoll und aufmunternd eingesetzt werden.

Bedingt geeignetes Spielzeug
Rasselndes oder sonst lärmendes Spielzeug. Diese Art von Spielzeug sollte nicht eingesetzt werden, um Konfliktsituationen aufzulösen. Das zusätzliche Geräusch könnte zur Reizüberflutung führen und damit das Problem verstärken.

Spielen ohne Spielzeug
Mit dem Welpen ohne Spielzeug zu spielen erfordert einiges Geschick, kann aber sehr lustvoll und damit für den Bindungsaufbau sehr wertvoll sein. Bei diesem Spiel soll darauf geachtet werden, dass der Erregungsspiegel des Welpen nicht zu hoch ist. Also lieber ein ruhiges, liebevolles Spiel einfädeln, dabei darf der Welpe zum Beispiel Ihre Hand in den Fang nehmen und Sie ihn sonst am Körper fein anstupfen, kraulen oder ähnlich. Bei diesem Spiel ist von Anfang an auf das Eintrainieren und Einhalten der Beisshemmung zu achten. Lassen Sie den Welpen nicht zu übermütig werden und auf keinen Fall so stark zubeissen, dass es ernsthaft schmerzt – geschweige denn, zu Verletzungen kommt!

Beisshemmung

Die Beisshemmung zeigt sich als Hemmung des Angriffsverhaltens gegenüber Artgenossen. Eine wichtige Rolle spielt in diesem Zusammenhang auch das Darbieten aggressivitätshemmender sozialer Signale wie Beschwichtigungsgesten und Demutsverhalten des Aggressionspartners. Im Umgang mit unserem Hund ist es notwendig, dass dieser auch uns Menschen gegenüber die Beisshemmung erlernt. Das Herausbilden der Beisshemmung ist dabei ein wesentlicher Bestandteil der Rangordnung zwischen uns Menschen und unserem Hund. Obwohl die Beisshemmung ihre praktische Bedeutung vor allem bei erwachsenen Hunden hat, muss ihre Wirksamkeit im frühen Welpenalter angebahnt und ausreichend eingeübt werden.

⇒ Siehe «Gezieltes und kontrolliertes Einüben der Beisshemmung», Seite 129.

Quelle: «Lexikon der verhaltenskundlichen kynologischen Begriffe», von Andrea Weidt

Die Beisshemmung wird im Welpenalter herausgebildet – sowohl im Spiel mit Artgenossen als auch im Umgang mit uns.

Basiswissen

Disziplinieren – Zurechtweisen

Unserem Hund gegenüber können wir uns am schnellsten und besten verständlich machen, wenn wir Anteile des innerartlichen Ausdrucksverhaltens übernehmen. Das Disziplinierungsverhalten erzielt dabei grösstmögliche Wirksamkeit, wenn es in artentsprechender Weise erfolgt. Hier können beispielsweise der sogenannte «Über-den-Fang-Griff», das Nackenfellschütteln oder das schnelle Herumdrehen in die unterwerfende Rückenlage sehr hilfreich sein. Obwohl das Nackenfellschütteln seltener als allgemein angenommen auftritt, kann es dennoch bei Wolf und Hund beobachtet werden. Für den praktischen Umgang mit unserem Hund ermöglicht das Schütteln am Nackenfell einen weitgehend sicheren Griff, der das Zurückschnappen des Hundes verhindert.

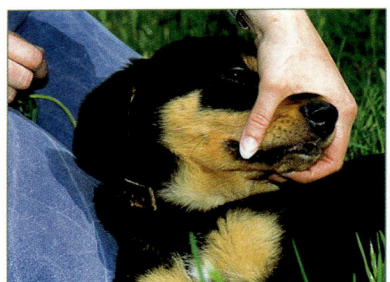 

Quelle: «Lexikon der verhaltensbiologischen kynologischen Begriffe», von Andrea Weidt, Version aus dem Schweizer Hunde Magazin Nr. 7/01

Ignorieren

Ignorieren ist ebenfalls eine Form der Bestrafung, die auf natürliche Verhaltensweisen zurückgreift, und ist mitunter ein Mittel, die ranghöhere Position zu verdeutlichen. Allerdings darf dabei nicht vergessen werden, dass Welpen auf Ihre Zuwendung und Ihren Schutz angewiesen sind. Sie sollten daher nur gezielt die unerwünschte Verhaltensweise ignorieren und nicht den Welpen an sich. Verhält er sich entsprechend erwünscht, wird er zum Beispiel durch Blickkontakt oder aufmunternde Aufforderung zum Nachfolgen wieder beachtet. Loben oder bemitleiden sollten Sie Ihren Welpen in diesem Moment jedoch nicht, da er eventuell noch immer in der Stimmung des gezeigten Verhaltens steckt und die Disziplinierung dadurch ihre Wirkung verlieren könnte.

Klarheit vermitteln

In der Erziehung sollten Disziplinierungen so wenig wie möglich, wenn, dann aber deutlich und mit ernster Miene eingesetzt werden. Die Wirkung entfaltet sich besonders, wenn gleich beim ersten Mal das unerwünschte Verhalten quittiert wird, da Ersterlebnisse eine richtungsweisende Bedeutung haben. Meistens ist das Überraschungsmoment übrigens einer der

Basiswissen

Mit Disziplinierungen muss sparsam umgegangen werden. Einmal ein klares deutliches «Nein» im richtigen Augenblick wird vom Welpen besser verstanden als ständige Tadelungen.

wichtigen Faktoren. Im richtigen Moment eindeutig ein «Nein» zu setzen ist viel effektiver, als immer wieder eine leichte Tadelung anzubringen. Ohne klare Verhältnisse fehlen dem Welpen die Leitplanken, die ihm den sicheren Weg vermitteln, auf dem er sich bewegen kann. Wenn er nicht versteht, was er soll und was nicht, wird er seine eigenen Strategien entwickeln, mit Situationen zurechtzukommen ... meistens decken sich diese nicht mit dem erwünschten Verhalten in unserer Lebensform.

Aufgabe des Fürsorgegaranten

Nötige Disziplinierungen sollten vom Fürsorgegaranten ausgeführt werden – und nur im Notfall von einer anderen Person. Denn, nur wo eine ausreichend sichere Bindung vorhanden ist, können erzieherische Massnahmen auch Fuss fassen. Der Welpe achtet auf das Verhalten und die Stimmung der Ranghöheren, wie er dies im Rudel tun würde, um das folgerichtige Verhalten in verschiedenen Situationen zu erlernen. Erfolgt die Disziplinierung zum richtigen Zeitpunkt, erfährt der Welpe, dass seine Handlung unangenehme Konsequenzen hat, und stellt das «unerwünschte Verhalten» ein. Ein zeitgleich ertönendes Hörzeichen wie «Nein» oder «Pfui» kann später eine körperliche Disziplinierungsmassnahme in vielen Fällen ersetzen.

Niemals disziplinieren bei Angst oder Unsicherheit!

Bevor man den Welpen zurechtweist, muss immer ausgeschlossen werden, dass das gezeigte Verhalten des Welpen angstgetönt ist. Denn jede Form der Disziplinierung würde die Unsicherheit verstärken und damit auch das unerwünschte Verhalten. Gerade bei aggressiv getöntem oder sehr ungestümem Verhalten, das mit erhöhten Konfliktreaktionen einhergeht, wird die Angst oft nicht erkannt und durch Bestrafen die innere Stabilität des Welpen zusätzlich zerrüttet, was zu einer Verschlechterung der Situation und einer Verstärkung des unerwünschten Verhaltens führen kann.

Ein unerwünschtes Verhalten hat sich eingeschlichen. Wie geht man am besten vor, um das Problem zu lösen?

Allgemein gilt: Lassen Sie ein aufgekommenes Problem nicht lange anstehen. Überprüfen Sie, ob die verlangte Verhaltensleistung angemessen ist und dem inneren Reifegrad Ihres Welpen entspricht oder ob es vorbereitende Übungsschritte braucht.

• Suchen Sie dann nach einem Lösungsweg, der Ihnen tiergerecht und fun-

diert erscheint und in Ihrer persönlichen Situation umsetzbar ist.
- Wählen Sie aus all den vielen Tipps und Tricks einen aus, der Ihnen zuverlässig und für Ihren Welpen angemessen und verständlich erscheint.
- Probieren Sie nicht den einen Tag dies, den anderen Tag das aus. Tipps, die schnelle Wunderlösungen versprechen, stellen sich meistens als haltlos heraus.
- Wenn ein Problem erst mal aufgetaucht ist, braucht es gute, schrittweise aufgebaute Lektionen. Diese müssen meistens wiederholt und geduldig eingeübt werden, um das Verhalten des Welpen nachhaltig zu ändern.
- Bleiben Sie geduldig bei der gewählten Übung, wenn sie sich nicht als Überforderung herausstellt.
- Welpen machen kaum etwas aus böser Absicht oder um Sie zu ärgern. Es ist ganz natürlich, dass sich der Welpe Strategien zulegt, die ihm das Leben angenehm gestalten und ihm die bestmöglichen Erfolgsaussichten garantieren.
- Die allerwenigsten unerwünschten Verhaltensweisen wachsen sich mit dem Älterwerden des Hundes aus oder lösen sich eines schönen Tages einfach in Luft auf. Zugegeben, schön wäre das schon, nur leider ist es vielmehr der Fall, dass sich ein unerwünschtes Verhalten, je länger es bestehen bleibt, einschleifen und beharrlich festigen kann.

Im Dschungel der Ratschläge
Bücher, Verwandte, Bekannte, Fernsehsendungen, Züchter, Übungsleiter, Internetseiten usw.
Meistens erhält man so viele gut gemeinte Tipps und Tricks, dass man gar nicht mehr weiss, was man tun soll. Hinterfragen Sie die Ratschläge, bevor Sie drauflosüben. Bedenken Sie, dass es keine Bedienungsanleitung für den Welpen gibt. Ihr Welpe ist ein Individuum. Was bei Nachbars Hund gewirkt hat, muss nicht zwangsläufig bei Ihrem zum Erfolg führen.

Welchen Rat soll man befolgen?
Versuchen Sie durch das Netz der Informationen auch die Hintergründe zu entdecken. Fragen Sie nach dem Wie und Warum einer Übung. Wer Ihnen Verhaltenszusammenhänge aufzuzeigen vermag und fundierte Anregungen im Umgang mit dem Welpen geben kann, ist langfristig gesehen der bessere Ratgeber. Sie erhalten dadurch die Möglichkeit, selbst tier- und situationsgerechte Lösungen zu finden und den Hund besser zu verstehen.

Zeit, Zeit und nochmals Zeit
Nicht vergessen, die meisten Probleme müssen mit viel Zeit, Geduld und in kleinen Schritten angegangen werden. Daran führt auch der «geheimste Tipp» nicht vorbei!

Die Auswahl
des passenden Hundes

Sollten Sie erst dabei sein, die Übernahme eines Welpen zu bedenken, finden Sie hier ein paar Anregungen zur Auswahl Ihres Hundes. Die wesentlichen Entscheide treffen Sie natürlich selbst, denn Sie kennen Ihre Umgebung, Ihren Tagesablauf und das, was Sie einem Hund bieten können, am besten.

Aussehen

Bei der Auswahl wird, gemäss einer Umfrage des Schweizer Tierschutzes, ein erstaunlich grosser Teil der Hunde nach dem Aussehen gekauft.* Dass äusserliche Merkmale, wie Fellbeschaffenheit und Grösse des Hundes, mehr gewichtet werden als die Eignung und das Temperament der Rasse, beziehungsweise der Rassenmischung, dürfte einer der Gründe für viele Probleme in der Hundehaltung sein. Wenn Mensch und Hund nicht zusammenpassen, ist dies mit keiner Erziehungsmethode oder Ersatzhundesportart wettzumachen. Umstände, die auch den Hund psychisch stark belasten und durch den ungelösten, unterschwelligen Dauerstress sogar krank machen können.
Um Probleme dieser Art gar nicht erst entstehen zu lassen, ist es wichtig, dass Sie die grundlegenden Eigenschaften der Rasse kennen und damit umgehen können.
* Quelle: Artikel im SHM 1/07, «Wie gut werden Familienhunde in der Schweiz gehalten?», von Eva Waiblinger, Fachstelle Heimtiere, Schweizer Tierschutz STS

Eigenschaften

Welpen sind sehr lernfähig und können sich in einem beachtlichen Mass ihrer Umwelt anpassen. Dies hat aber Grenzen, die man bei der Auswahl beachten sollte. In der Rassehundezucht (und innerhalb der Rasse auch zuchtlinienbezogen) wurden über viele Jahrzehnte gewisse Eigenschaften durch entsprechende Zuchtauswahl gezielt gefördert. Tief verankert treten sie meistens in den wesentlichen Charakterzügen und den Verhaltenstendenzen eines Hundes zum Vorschein. Überlegen Sie sich, welche Veranlagungen ein Hund in Ihrer persönlichen Umwelt entfalten und ausleben kann, ohne dass sie zum Problem werden. Ebenso wichtig ist es, dass die Temperamentslage des Hundes zu Ihrem eigenen Lebensrhythmus und zu Ihrer Persönlichkeit passt.

Wählen Sie einen Welpen aus, dem Sie auch als erwachsener Hund gerecht werden.

Daraus ergibt sich bereits eine Auswahl von geeigneten Hunderassen. Vielleicht aber auch die Erkenntnis, dass einige Rassen nicht in Frage kommen, auch wenn sie einen vom Aussehen her ansprechen würden.

Informationen zur Rasse, Rassenmischung

Erkundigen Sie sich über die Rassen, die Sie interessieren, vorgängig sehr genau. Wenn Ihnen ein Rassenmischling ans Herz gewachsen ist, informieren Sie sich über die grundlegenden Verhaltensmerkmale, die diese Mischung mitbringen kann. Züchter, Vereine, Tierheime und andere Personen, die für die Aufzucht von Hunden verantwortlich sind, sollten nebst dem Beleuchten der Sonnenseiten ihrer Hunde auch klar formulieren können, welchen Ansprüchen die zukünftigen Besitzer gerecht werden müssen.

Damit sich die Rasseneigenschaften des Welpen entwickeln können, dürfen sowohl bei der Aufzucht als auch bei Ihnen als Hundehalter die entsprechenden Haltungs- und Beschäftigungsmöglichkeiten sowie ein richtungsweisender Umgang mit dem Welpen nicht fehlen.

Aufzuchtsbedingungen

Die allgemeine Stimmungslage bei der Aufzucht bildet die Atmosphäre, mit denen die Welpen ins Leben starten.

Betrachten Sie beim Besuch der Welpen die Aufzuchtsbedingungen. In einer familiären Atmosphäre sollten viele verschiedene Anreize zum selbstständigen Erkunden, Bewegen, Spielen und zur Entwicklung der motorischen Fähigkeiten geboten werden. Die Umgebung sollte so gestaltet sein, dass sich die Mutterhündin in ihrem gewohnten Umfeld aufhalten kann. Auf keinen Fall sollte die Aufzucht nur drinnen in sterilen Räumen oder nur auf künstlichem Boden stattfinden. Aber auch draussen in einem Zwinger sind die Bedingungen nicht optimal, da der soziale Kontakt zum Menschen und der Anschluss zum «Puls des Lebens» fehlt. Ideal gestaltet sich daher ein Bereich im Wohnhaus mit einem angenehmen Schlaf- und Säugeplatz und direktem Zugang zu einem erlebnisreichen «Welpengarten». Dort sollten sich die Welpen selbstständig auf natürlichem Boden versäubern können, da dies bereits eine gute Vorbereitung für die Stubenreinheit ist.

Betreuung

In erster Linie fällt der Mutterhündin die Betreuung der Welpen zu. Um die emotionale Sicherheit der Welpen zu gewährleisten, sollte sie immer Zugang zu den Welpen haben. Das heisst aber nicht, dass die Hündin zu den Welpen gesperrt werden muss. Besonders, wenn die Welpen schon etwas älter sind, kann es sinnvoll sein, wenn die Hündin bei Bedarf den Welpenbereich selbstständig verlassen und wieder aufsuchen kann. Die persönliche, liebevolle Fürsorge der Welpen und der Mutterhündin durch die Betreuungsperson ist ebenfalls massgebend und sollte selbstverständlich sein. Die Prägung der Welpen auf den Menschen und erste Kommunikationsmöglichkeiten finden hier ihren Anfang. Im erweiterten Sinne gilt dies auch für den Umgang und damit die Stimmung, die herrscht, wenn die Welpen erste Erfahrungen mit Besuchern, Kindern, fremden Hunden und anderen Tieren sammeln.

Gerade wenn die Welpen schon etwas älter sind, zieht sich die Mutterhündin vielleicht gerne mal zurück. Sie sollte aber immer die Gelegenheit haben, selbstständig wieder zu den Welpen zurückzukehren.

Verhalten

Ob bei Mischling oder Rassehund, es kann von Vorteil sein, die Mutterhündin, wenn möglich auch den Rüden und andere Hunde, die bei der Aufzucht anwesend sind, kennenzulernen. Achten Sie dabei vor allem auf das Verhalten der Hunde bei verschiedenen alltäglichen Ereignissen. Die Welpen wachsen in diesem Umfeld auf, übernehmen Verhaltensmuster von den anderen Hunden und entwickeln daraus bereits ihre ersten eigenen Strategien, mit Alltagssituationen umzugehen.

Erkundungsausflüge

Idealerweise unternimmt der Züchter den einen oder anderen Ausflug mit der Mutterhündin und den Welpen. Selbstverständlich erst ab einem gewissen Alter und unter der Berücksichtigung des Entwicklungsstandes der Welpen. Bei diesen Gelegenheiten können die Welpen im Schutz der Mutterhündin und des Züchters erste Schritte in unbekannten Umgebungen machen. Vielleicht besteht auch die Möglichkeit, erste kürzere Autofahrten zu machen, welche mit einem positiven Erlebnis verknüpft werden können. Allenfalls können Sie als angehender Welpenbesitzer einen solchen Ausflug sogar begleiten? Manchmal ist man froh um weitere Augen und Hände und für Sie könnte dies eine schöne Gelegenheit sein, die Welpen und die Mutterhündin bei ihren spannenden Erlebnissen zu beobachten.

Übertriebene Hilfestellung

Viele Eingriffe in der Aufzucht sind zu hinterfragen, wenn keine besonderen Umstände vorliegen. Dies beginnt bei der unnötigen Geburtshilfe, über das Ansetzen der Welpen zum Säugen bis hin zu weiteren allzu fürsorglichen

Wer aussen liegt und das Bedürfnis nach Wärme verspürt, gräbt sich in die Mitte des Welpenknäuels vor. Damit lernen die Welpen schon früh, dass sie aus eigener Anstrengung ihre Lage verbessern können.

Hilfestellungen in der Brutpflege. Dazu gehört auch die Beeinflussung von weiteren natürlichen Abläufen in der Aufzucht. Ein Beispiel dazu: Das Zusammenkuscheln mit der Mutterhündin und den anderen Welpen sorgt in der Regel für die nötige Wärme und Geborgenheit. Wenn ein aussenliegender Welpe das Bedürfnis nach mehr Nestwärme verspürt, wird er sich in die Mitte des Welpenknäuels vorarbeiten. Dabei lernt der betreffende Welpe, wie er aus eigener Anstrengung seine Lage verbessern kann. Das Erfolgserlebnis bestärkt ihn darin, auch in anderen Situationen eigenaktiv nach Lösungen zu suchen, und befähigt ihn, bereits im frühen Alter mit milden Stresssituationen umgehen zu können. Diese frühe Erfahrung bildet eine wichtige Lernbasis, die bis ins Erwachsenenleben bedeutend bleibt. Bringt der wohlmeinende Züchter nun eine Rotlichtlampe an, die für zusätzliche Wärme ausserhalb der Wurfgemeinschaft sorgt, geraten die Welpen gar nicht in die Situation, aus eigener Kraft etwas für ihr Wohlbefinden tun zu müssen. Was im ersten Moment für eine Verbesserung der Aufzuchtsbedingungen gehalten werden könnte, wird unter Berücksichtigung der genannten Aspekte zu einem ungewollten, ungünstigen Erfahrungsentzug für die Welpen. Mit dem nötigen Wissen kann man den natürlichen Geschehnissen ihren Lauf lassen, spannende Beobachtungen machen und wirklich nur dort eingreifen, wo es lebensnotwendig ist.

Unnötige Belastungen

Bevor man sich auf die Suche nach einem geeigneten Hundewelpen macht, sollte man sich bewusst sein, dass es leider nicht nur positive Entwicklungen in der Hundezucht gibt. Eine extreme Übertypisierung von einzelnen «rassetypischen» Merkmalen kann sich für das Individuum nachteilig auswirken. Dabei kann es innerhalb betroffener Rassen verschiedene Zuchtlinien geben und natürlich auch verschieden verantwortungsvolle Züchter, die unterschiedliche Ausprägungen dieser Merkmale pflegen. Schauen Sie daher selbst genauer hin und stellen Sie sich die Frage: «Mit welchen Körper- und Verhaltensmerkmalen kann ein Hund ohne unnötige Belastungen leben?»

Übertypisierte Körper- und Verhaltensmerkmale

Übertriebene Äusserlichkeiten können die Kommunikationsmöglichkeit eines einzelnen Individuums stark einschränken oder die Körpersprache komplett verfälschen. Dazu gehören beispielsweise ein unbewegliches grimmiges Gesicht oder eine angeborene, unterwürfige Körperhaltung. Aber auch die Bewegungsfreiheit, die Funktion der Sinnesorgane und der allgemeine Gesundheitszustand kann in unterschiedlicher Art und Weise beeinträchtigt sein und dem Hund das Leben unnötig erschweren. Im Bereich der Verhaltensmerkmale wurde das Sozialverhalten einiger Rassen oder Zuchtlinien innerhalb von Rassen so stark verändert, dass dem einzelnen Hund soziales Lernen verunmöglicht bleibt. Im Extremfall ist eine natürliche Paarung oder Jungenaufzucht nicht mehr möglich, was das Ende der Fortpflanzung bedeuten würde.

Indem Sie es vermeiden, diese übertriebenen züchterischen Tätigkeiten zu unterstützen, und damit auf Hunde aus solchen Zuchten verzichten, leisten Sie einen aktiven Beitrag zum Tierschutz. Denn letztlich richtet sich auch die Hundezucht nach der Nachfrage.

Freundschaft

Wenn Sie Ihren Welpen gefunden haben, beginnt ein neuer Lebensabschnitt und eine innige Freundschaft mit all ihren Stärken und Schwächen. Auf Seite 48 erfahren Sie mehr über den geeigneten Umgang mit der Persönlichkeit Ihres Welpen.

Die Voraussetzung einer harmonischen Partnerschaft ist das Zusammenpassen von Mensch und Hund.

Literaturempfehlung: «Verhaltenskynologischer Leitfaden für Züchter und Welpenerwerber», SHM 2/06, von Dina Berlowitz, Andrea Weidt, Heinz Weidt. Lesen Sie den Beitrag auf www.hundemagazin.ch > Ratgeber

Checkliste I

Fragen an den Züchter

Auf dieser Liste finden Sie einige Fragen, die Sie der Person stellen können, die für die Aufzucht der Welpen bisher verantwortlich war. Das Augenmerk richtet sich auf Informationen, die Ihnen bei der Übernahme und Eingewöhnung des Welpen hilfreich sein können. Darunter sind auch Fragen, die Sie zur gesundheitlichen Fürsorge und den gesetzlichen Aspekten stellen können.

- **Gibt es einen Ruf, den der Welpe kennt, wenn es Futter gibt?**
  Viele Züchter trommeln die Welpen mit einem bestimmten Zuruf, Pfiff oder Ähnlichem zusammen, wenn es Futter gibt. Dieses Geräusch kann man sich merken, um den Welpen in den ersten Tagen zum Herkommen zu animieren.

- **Gibt es weitere Hörzeichen, die der Welpe schon kennt?**
  Vielleicht wurden die Welpen schon einzeln beim Namen gerufen oder andere Hörzeichen wurden gezielt verwendet. Übernehmen Sie diese nach Möglichkeit!

- **Welches Futter wurde dem Welpen bisher gegeben?**
  Beschaffen Sie sich für den Anfang das Futter, das die Welpen bisher erhielten, damit Sie Zeit haben, den Welpen bei Bedarf langsam umzustellen. Bei einem Futterwechsel sollte das alte und das neue Futter einige Tage lang vermischt gegeben werden.

- **Wie viele Mahlzeiten und was für Portionen erhielt der Welpe?**
  Behalten Sie die Anzahl der Mahlzeiten und die ungefähre Futtermenge anfänglich bei, damit es beim Orts- und Betreuungswechsel nicht auch noch eine Veränderung in der Versorgung gibt.

- **Zu welchen Zeiten wurden die Welpen gefüttert?**
  Die Fütterungszeiten können übernommen werden, um einen kleinen Teil der Tagesstruktur des Welpen zu übernehmen und ihm die Eingewöhnung im neuen Zuhause zu erleichtern.

- **Wo und auf welchem Untergrund konnten sich die Welpen bislang versäubern?**
  Machen Sie sich ein Bild davon, wie der Tagesablauf und damit die Versäuberungsmöglichkeiten des Welpen bislang ausgesehen haben. Waren zum Beispiel einfach Zeitungen ausgelegt oder konnten die Welpen durch eine offene Türe selbstständig hinaus in eine Wiese? Mit dieser Information sind Sie darauf vorbereitet, wenn ein Umlernen nötig wäre.

- **Sind die Welpen schon ein oder mehrere Male mit dem Auto gefahren?**
  Fragen Sie nach, ob die Welpen schon Auto gefahren sind und welche Erfahrungen damit verbunden waren. So können Sie abschätzen, wie dieses Erlebnis von Ihrem Welpen eingeordnet wurde und wie vorsichtig Sie die nächste Fahrt angehen müssen.

- **Konnten die Welpen zusammen mit der Mutterhündin Erkundungsspaziergänge machen?**
  Diese positive Vorerfahrung ausserhalb des gewohnten Bereichs weckt bei den Welpen meistens die Lust auf weitere Erkundungstouren und stärkt die innere Sicherheit, mit ungewöhnlichen Situationen – wie es bei der Übernahme der Fall ist – zurechtzukommen.

- **Gab es während der Aufzucht gesundheitliche Probleme oder sonstige spezielle Ereignisse?**
  Bringen Sie möglichst viel über die Zeit während der Aufzucht in Erfahrung. Damit können Sie manches Verhalten Ihres Welpen besser deuten, Vorlieben und Ängste verstehen sowie gesundheitliche Aspekte im Auge behalten, wenn dies nötig sein sollte.

- **Sind die Welpen geimpft, gechippt und entwurmt?**
  Normalerweise haben die Welpen bereits eine erste Impfung erhalten, was im Heimtierausweis festgehalten ist. Auch der Mikrochip (Transponder) ist häufig schon durch den Tierarzt implantiert und damit eine entsprechende Registrierung der Daten vorgenommen worden. (In der Schweiz müssen alle Hunde in der Datenbank der Animal Identity Service AG ANIS registriert sein.)
  Ist der Welpe noch nicht gechippt, muss dies bis zum Alter von drei Monaten durch einen Tierarzt erfolgen. Fragen Sie zudem nach den bisherigen Entwurmungen, damit Sie das weitere Vorgehen mit Ihrem Tierarzt besprechen können.

- **Welche Unterlagen Ihres Welpen sind vorhanden und können übernommen werden?**
  - Heimtierausweis mit Impfbescheinigung und Chipnummereintrag
  - Meldeblatt des Mikrochips, mit Transponder-Nummer (Identifikationsnummer Ihres Welpen)
  - Abstammungsurkunde bei einem rassereinen Welpen
  - Kaufvertrag
  - Quittung für den bezahlten Kaufpreis des Welpen

Checkliste II

Utensilien für den Start

Eigentlich braucht es nicht besonders viel an Ausrüstung, sondern viel mehr Zeit und innere Bereitschaft, um einen Welpen bei sich aufzunehmen. Wer Zeit hat, kann sich auf die Bedürfnisse des Welpen einstellen und ihm damit einen guten, möglichst angstfreien Übergang von der Fürsorge der Mutterhündin und des Züchters in das neue Zuhause gestalten. Zeit steht daher auf dieser Checkliste an erster Stelle.

- **Zeit**
  «Das einzige Mittel Zeit zu haben, ist, sich Zeit zu nehmen.» Bertha Eckstein

- **Halsband**
  Wählen Sie am besten ein verstellbares Halsband, ohne Würgefunktion, aus Nylon oder Leder, das mitwachsen kann. Ein Schildchen mit Ihrer Telefonnummer hilft im Notfall den Besitzer schnell ausfindig zu machen, ohne eine offizielle Stelle aufsuchen zu müssen, die den Mikrochip ablesen kann.

- **Bei Bedarf: Geschirr**
  Es gibt Welpen, die eine ausgesprochen gute Technik entwickelt haben, um aus dem Halsband zu schlüpfen. Dann ist es angebracht, ein Geschirr ohne spezielle Erziehungs- oder Korrekturfunktion zu verwenden. Damit kann ein Entweichen des Welpen – besonders im Verkehr – verhindert werden. Nehmen Sie den Welpen für die Anschaffung des Geschirrs mit, denn es muss sehr gut sitzen.

- **Leine**
  Eine ganz normale Leine mit Ösen und Karabiner, die aus Nylon oder Leder gefertigt ist, leistet Ihnen beim Ausführen des Welpen den besten Dienst und kann für die Leinenlauf-Übung eingesetzt werden.

- **Pflegeutensilien**
  Legen Sie einige Putztücher bereit, mit denen Sie den Welpen trocken reiben können. Sie können alte Frottiertücher oder speziell saugfähige Putztücher aus dem Fachgeschäft verwenden. Letztere sind vor allem bei langhaarigen Hunden empfehlenswert, weil damit viel Wasser aus dem Fell gerubbelt werden kann. Anfänglich reicht auch bei langhaarigen Hunderassen eine angenehme Bürste, um den Welpen an die Fellpflege zu gewöhnen – er soll es geniessen können!

- **Hundebett**
  Wählen Sie die Grösse des Schlafplatzes so, dass Ihr ausgewachsener Hund darin Platz findet, und verkleinern Sie den Platz für den Welpen mit einem Kissen oder etwas Ähnlichem. Berücksichtigen Sie auch die Fellbeschaffenheit Ihres Schützlings bei der Materialauswahl. Welpen mit sehr dichter Unterwolle mögen es häufig, wenn der Liegeplatz aus weichem, aber nicht extra wärmespendendem Material besteht. Kurzhaarige Hunde hingegen kuscheln sich meistens gerne in wärmende, fellartige Hundebetten. Bei Bodenheizung oder sehr kaltem Boden kann eine leicht erhöhte Liegefläche sinnvoll sein.

- **Absperrung für Hundebett**
  Bei Problemen mit der Stubenreinheit in der Nacht kann eine provisori-

sche Absperrvorrichtung für das Hundebett eine Hilfe sein. Der Welpe wird sich damit eher bemerkbar machen, wenn er «raus» muss.

- **Bei Bedarf: Transportbox als Platz im Auto/Flugzeug etc.**
Nehmen Sie das Auto zur Anpassung der Box unbedingt mit, damit die Box auch wirklich hineinpasst. Damit Ihr Welpe auch ausgewachsen genügend Platz in der Box findet, sollten Sie die Herstellerangaben oder die Erfahrung des Verkaufspersonals in Anspruch nehmen.

- **Futter- und Wassernapf**
Rutschfeste Näpfe oder eine Unterlage sind sinnvoll, damit der Welpe beim Fressen den Napf nicht durch die Gegend schiebt und fein säuberlich auslecken kann. Wählen Sie den Wassernapf genügend gross, damit Sie nur einmal am Tag frisch auffüllen müssen.

- **Futter**
Besorgen Sie sich zumindest anfänglich eine ausreichende Menge vom gleichen Futter, das der Welpe bis anhin beim Züchter erhielt, damit eine Futterumstellung langsam angegangen werden kann. Erhielt der Welpe bislang spezielle Fertignahrung für Welpen, kann bald auf ein ausgewogenes Futter für erwachsene Hunde umgestellt werden.

- **Kauartikel**
Halten Sie einige Kauartikel, wie Büffelhautknochen, Kalbsknochen, Straussensehnen, Ochsenziemer oder Ähnliches bereit. Auch Äpfel oder Mohrrüben schmecken manchem Welpen und können als kalorienarme Knabbersnacks eingesetzt werden.

- **Spielzeug**
Wählen oder basteln Sie ein Spielzeug, an dessen einer Seite Sie, auf der anderen Ihr Welpe halten kann, damit sind gemeinsame Spiele in vielen Varianten möglich. Die Beschaffenheit der Spielzeuge kann von Gummi über Neopren bis zu Holz reichen, Sie werden bald merken, welche Materialien Ihr Welpe bevorzugt. Beim Spielzeugkauf sind folgende Dinge zu beachten:

Quietschspielzeug
Im Sozialspiel sollte der zubeissende Welpe unverzüglich auslassen, wenn der Spielpartner quietscht. Mit diesem Spielzeug wird aber das Gegenteil gefördert, nämlich draufloszugehen und tüchtig zuzubeissen, wenn etwas quietscht. Verzichten Sie daher auf Spielzeuge, die quietschen.

Stofftiere
Wenn Sie Kinder haben, kann der Welpe leicht die Teddybären verwechseln. Geben Sie dem Welpen daher lieber Spielzeug, das leicht von

den Spielsachen Ihrer Kinder zu unterscheiden ist. Zudem werden der Inhalt und die aufgenähten Augen vom Welpen gerne verschluckt, was zu gesundheitlichen Problemen führen kann.

Schuhe

Der Welpe kann nicht zwischen Alt und Neu unterscheiden. Räumen Sie daher Ihre Schuhe lieber in den Schrank. Das gilt auch für andere Gegenstände, die vor dem Welpen und seinen spitzen Zähnen verschont bleiben müssen. Bieten Sie dem Welpen stattdessen Kauartikel als Alternative an und lassen Sie ihn nicht unbeaufsichtigt.

Fellspielzeug oder (Reiz-)Angeln

Dieses Spielzeug und dieses Hilfsmittel ist nur sinnvoll, wenn der Hund jagdlich gefördert werden soll. Soll ein Hund das Jagen aber lieber lassen, sind Reize in dieser Richtung nicht sinnvoll, da ein Verhalten geweckt und verstärkt wird, dass letztlich unerwünscht ist.

Futter-Spielzeuge

Spielzeuge, in die Futter gesteckt wird, oder solche, in die schon etwas Fressbares eingearbeitet ist, sind für den Umgang mit dem Welpen ungeeignet. Die Motivation und die persönliche Beziehung, die durch Spielen entstehen kann, geht mit dem Aspekt des Futters verloren. Der Welpe würde mit solchen Spielzeugen darauf konditioniert, ständig nach Futter zu suchen, und die wesentlichen Lernaspekte gingen verloren.

⇒ *Siehe auch «Mit dem Welpen spielen», Seite 19*

- **Gummistiefel und Regenhut**

Mit Hut anstatt Regenschirm hat man die Hände frei, um beispielsweise mit dem Welpen zu spielen und das Kotsäckli zu gebrauchen. So kann man guter Laune auch bei schlechtem Wetter etwas unternehmen. Wetterfeste Kleidung für den Hundebesitzer sollte daher zur Grundausrüstung eines Hundehalters gehören.

Checkliste III

Vorbereitung vor der Übernahme und Planung der Abholung

Vorkehrungen für die Eingewöhnung im neuen Zuhause

Schon einige Zeit vor der Übernahme des Welpen können Vorbereitungen getroffen werden. Entscheiden Sie selbst, welche in Ihrer individuellen Situation nötig und sinnvoll sind.

- **Ein Tuch mit vertrautem Geruch**
  Bevor Sie den Welpen abholen, können Sie den Züchter fragen, ob Sie ein Tuch bei den Welpen in der Wurfkiste oder auf dem Schlafplatz von Mutterhündin und Welpen lassen dürfen. Nehmen Sie dieses Stoffstück am Tag der Abholung ungewaschen und schmutzig wieder mit. Damit können Sie dem Welpen etwas vom vertrauten Geruch mitnehmen und zu Hause auf den neuen Schlafplatz legen. Es erleichtert ihm dort möglicherweise die ersten Nächte ohne Mutter und Geschwister.

- **Die Gewöhnung an die Box**
  Wenn Sie eine Box zum Transportieren oder als Schlafplatz für zu Hause verwenden möchten, können Sie den Züchter fragen, ob er diese bereits einige Wochen vor der Abholung im Abenteuerspielplatz der Welpen aufstellen könnte. Die Welpen gewöhnen sich dabei spielerisch und ungezwungen an diese künstliche Höhle.

- **Einrichten der Schlafplätze**
  Wenn Sie nicht möchten, dass der Welpe anfänglich bei Ihnen im Schlafzimmer gastiert, sollten Sie sich eine bequeme Feldliege, Matratze oder Ähnliches und dem Welpen seinen zukünftigen Schlafplatz dort aufstellen, wo Sie mit dem Welpen die ersten Nächte verbringen wollen. Achten Sie bei der Wahl des Schlafplatzes des Welpen darauf, dass dort keine Zugluft herrscht. Gerade in der Nähe von Eingangs- oder Balkontüren ist dies gerne der Fall. Wenn Sie Bodenheizung haben, kann im Winter eine leicht erhöhte Liegefläche sinnvoll sein.

- **Versäuberungs- und Erkundungsmöglichkeiten in Ihrer Umgebung**
  Erforschen Sie die nähere Umgebung in Ihrer Wohnsituation. Schauen Sie, wo der nächstmögliche Versäuberungsplatz ist und ob es weitere spannende Entdeckungsmöglichkeiten in Ihrem Umfeld gibt. Beispielsweise verschiedene Treppen, Bachläufe, Brücken etc. Diese können Sie nach der Eingewöhnung schrittweise mit dem Welpen erkunden.

- **Prägungsspieltage/Welpenspielgruppe**
  Besuchen Sie wenn möglich Welpenspielgruppen in Ihrer Region, bevor Sie den Welpen übernommen haben. Man kann den Ablauf kennenlernen und vielleicht auch schon die eine oder andere Information aufschnappen. Melden Sie sich frühzeitig dort an, wo es Ihnen am besten zugesagt hat, damit Sie sich einen Platz reservieren können.
  Literaturempfehlung: Artikel «Qualitätsmerkmale von Prägungsspieltagen», von Dina Berlowitz und Heinz Weidt, www.hundemagazin.ch > Ratgeber

- **Tierarzt**
  Wenn Sie noch keinen Tierarzt kennen, sollten Sie sich erkundigen, wo die nächste Praxis ist. Wer unsicher ist, ob der Welpe, der übernommen wird, wirklich gesund ist, oder wenn man weiss, dass gleich Impfungen anstehen, ist es hilfreich, mit dem Tierarzt schon im Voraus einmal Kontakt aufzunehmen und mit ihm das Vorgehen nach der Übernahme zu besprechen.

- **Regeln und Gesetze**
  Viele Gesetzgebungen sind in der Schweiz auf Gemeindeebene geregelt. Erkundigen Sie sich in jedem Fall, welche Regeln in Ihrer Region gelten, und bringen Sie auch die Anmeldepflicht in Erfahrung.

Welpensichere Umgebung

In der Welpenzeit ist die Neugierde, alles zu erforschen und in den Fang zu nehmen, besonders gross. Voraussehbare Gefahren sind daher bestmöglich zu beseitigen, obwohl dies natürlich nicht ersetzt, dass der Welpe nach und nach lernen soll, was man darf und was nicht.

- **Giftiges**
  Stellen Sie giftige Zimmerpflanzen für den Welpen unerreichbar auf und errichten Sie eine (provisorische) Absperrung rund um giftige Gartenpflanzen. Chemikalien, Medikamente, Pestizide, Putzmittel, Frostschutzmittel usw. müssen sicher verräumt werden. Achtung, auch Schokolade ist für den Welpen giftig und kann ab einer gewissen Menge sogar tödlich sein!
  Literaturempfehlung: «Merkblatt Giftpflanzen» und «Merkblatt für den Notfall» von Christine Naef, www.hundemagazin.ch > Ratgeber

- **Sturzgefahr**
  Sichern Sie Stellen, bei denen eine erhebliche Sturzgefahr besteht. Beispielsweise Galerien oder Gartenmauern.

- **Strom**
  Vermeiden Sie freiliegende Elektrokabel oder besorgen Sie sich Kabelkanäle.

- **Dinge, die herunterfallen**
  Stellen Sie schwere oder gefährliche Dinge weg, die herunterfallen könnten, wenn der Welpe daran zieht oder die Auflage ins Wackeln bringt.

- **Rutschige Böden**
  Treppen und andere Böden sollten wenn möglich nicht spiegelglatt sein. Belegen Sie sie anfänglich beispielsweise mit Teppichen. Der Welpe kann zwar mit der Zeit lernen, darauf zu gehen – aber bei der Eingewöhnung könnte ihn der unsichere Halt stark verunsichern.
  Literaturempfehlung: Artikelserie «Notfälle und Erste Hilfe», von Dr. med. vet. Anna Laukner, www.hundemagazin.ch > Ratgeber

Planung der Abholung

Machen Sie sich zur Abholung vorgängig einige Gedanken, damit Sie den Welpen keinen unnötigen Belastungen aussetzen müssen. Von der Mutterhündin, den Geschwistern, den vertrauten Personen und der Aufzuchtsumwelt getrennt zu werden ist für den Welpen an sich bereits eine schwierige Situation.

- **Zeitpunkt**
  Besprechen Sie mit dem Züchter, wann der günstigste Zeitpunkt im Tagesablauf der Welpen ist, um den Welpen abzuholen. Sicherlich sollte es nicht direkt vor oder nach einer Fütterung sein und wenn es eine besonders aktive Spielphase gibt, eher danach, wenn die Welpen ruhen.

- **Begleitperson**
  Wenn Sie den Welpen mit dem Auto abholen, nehmen Sie am besten eine Begleitperson mit, damit Sie sich während der Fahrt um den Welpen kümmern können. Er soll sich auf der Reise keinesfalls alleine gelassen fühlen!

- **Korb oder Ähnliches**
  Setzen Sie den Welpen auf ein Tuch oder in einen Korb, damit Sie einen trockenen Schoss oder Autoteppich behalten oder im öffentlichen Verkehrsmittel keine Spuren hinterlassen. Nehmen Sie aber trotzdem auch Kotsäckli und Küchenpapier mit.

- **Rast einplanen**
  Bei einer längeren Fahrt mit dem Auto – aber auch bei längeren Zugreisen – sollten ein oder mehrere Versäuberungshalte eingeplant werden. Nehmen Sie auch eine Flasche Wasser und einen Napf mit, damit der Welpe seinen Durst stillen kann. Behalten Sie den Welpen bei der Rast an der Leine … man kennt sich ja noch nicht.

Optimale Startbedingungen

Der Tag der Übernahme ist sowohl für Sie und die Familie als auch für den Welpen mit aufregenden Erlebnissen verbunden und bedeutet für beide Seiten den Start eines neuartigen Lebensabschnittes. Von diesem Moment an liegt das Wohl des Welpen in Ihren Händen. Nebst Ihrer zuverlässigen Betreuung, dem geschickten Arrangieren von angemessenen Lernsituationen und Ihrer inneren Beteiligung an der Entwicklung des Welpen, brauchen Sie vor allem auch sehr viel Zeit. Wer arbeiten muss, plant seinen Urlaub am besten so, dass er in den ersten 2–3 Wochen nach der Übernahme vollumfänglich zur Verfügung steht. Auf diese Weise kann der Welpe neuen Halt gewinnen, was die Grundlage zur Entwicklung eines sicheren Wesens ist.

Wichtigkeit der Bindung, Kommunikation und Struktur

Von der Übernahme bis zum Ende der Prägungsphase des Welpen, die bis zum Alter von +/- 16 Wochen dauert, werden die Grundsteine für das Zusammenleben unter Ihrem Einfluss gelegt. Dabei ist die Bindung zu Ihnen ein tragendes, unverzichtbares Element und der Aufbau der Kommunikationsmöglichkeiten muss stattfinden. Denn bereits einige Wochen später folgt nochmals eine wichtige, sensible Phase, in der Grenzen ausgetestet werden – die Pubertät. Wer bis dahin keine innere Verbindung, keine wirklich klare Kommunikationsebene und damit keine Strukturen festlegen konnte, gerät meistens in grössere Probleme im Umgang mit dem jungen Hund. Ohne bestehende Bindung interessiert es den pubertierenden Hund kaum, ob Sie ihm die Leitplanken aufzeigen wollen und weiter an seiner Erziehung arbeiten möchten. Er gleitet Ihnen sozusagen aus den Händen.

Damit möchte ich Ihnen keinesfalls Angst einjagen! Sondern vielmehr aufzeigen, wie wichtig es ist, bereits den tapsigen, süssen Welpen ernst zu nehmen. Selbstverständlich auf eine spielerische, positive Art, bei der die natürlichen Bedürfnisse des Welpen nicht zu kurz kommen und in der gefühlvoll alle «tu's» und «tu's nicht» aufgezeigt werden.

Fürsorgegarant

In der ersten Zeit nach der Übernahme vom Züchter sollte der Welpe eine Person haben, die sich hauptsächlich um ihn kümmert. Er soll damit die Gelegenheit erhalten, baldmöglichst eine sichere Bindung aufzubauen. Von der Familie betrifft dies immer die Person, die den ganzen Tag über zu Hause ist und damit die meiste Zeit mit dem Welpen verbringt. Diese Bezugsperson sollte einen vertrauensvollen Umgang pflegen und ein zuverlässiger Partner sein. Anfänglich übernimmt sie alle Betreuungsaufgaben und begleitet den Welpen auf Spaziergängen, beim Sammeln von neuen Erfahrungen und beim Besuch der Prägungsspieltage. Natürlich ist damit nicht gemeint, dass der Partner und die Kinder ausgeschlossen werden müssen. Ganz im Gegenteil, es ist wünschenswert, dass alle mit dabei sind. Sie sollten sich aber in diesen ersten Wochen noch eher passiv im Hintergrund halten und die Hauptaufgaben dem Fürsorgegaranten überlassen.

Optimale Startbedingungen

Elemente, die den Bindungsaufbau zum Fürsorgegaranten fördern:

- Als Fürsorgegarant sollten Sie in der ersten Zeit fast «rund um die Uhr» zur Verfügung stehen, da der Welpe nach der Trennung von der Mutterhündin einen Ersatzbetreuer braucht.
- Das feinfühlige Eingehen auf Betreuungsappelle des Welpen (z. B. Pföteln, Anstupsen, Quieken) gehört zur Fürsorge und darf nicht als Verwöhnung angesehen werden. Die Erfüllung von natürlichen Bedürfnissen (Nähe, Kontakt, Futtergabe usw.) signalisieren dem Welpen Sicherheit und Geborgenheit.
- Lassen Sie den Welpen nicht alleine, auch nicht in der Nacht. Der ständige Kontakt zu Ihnen ist für das Sicherheitsempfinden des Welpen von elementarer Wichtigkeit. Alleinsein, als artwidriger Zustand, muss in kleinen Schritten geübt werden.
- Spielen und damit innerlich gelöst sein verbindet. Geniessen Sie es, mit Ihrem Welpen wieder mal so richtig herzhaft ausgelassen zu sein.
- Bei kleineren Ausflügen gemeinsam die Umwelt zu entdecken, schweisst zusammen und macht den Welpen innerlich belastungsfähiger.
- Legen Sie sich zusammen mit dem Welpen auch einmal auf das Hundebett. Körperkontakt und das gemeinsame Ausruhen sind sozial sehr verbindend.
- Gewöhnen Sie den Welpen allmählich daran, überall angefasst zu werden. Besonders auch an den Pfoten und anderen sensiblen Stellen. Damit ist ein vertrauenswürdiger Umgang möglich.
- Füttern Sie den Welpen gelegentlich aus der Hand, Futter abgeben ist ein Aspekt der Fürsorge und schafft Vertrauen.
- Beobachten Sie Ihren Welpen und versuchen Sie, seine Körpersprache zu lesen. Gehen Sie auf die Bedürfnisse des Welpen ein, vermitteln Sie ihm aber auch Grenzen, ohne ihn dabei zu überfordern.

Bindungsprobleme und mögliche Folgen

Würden sich zwei oder mehrere Personen in der Anfangszeit abwechselnd oder gar kreuzweise um den Welpen kümmern, würde ihn das stark verwirren und innerlich haltlos lassen. Dies gilt auch bei der Betreuung durch eine Person, die in ihrem Verhalten widersprüchlich ist oder sich nicht innerlich und ehrlich um den Welpen kümmert. Ebenfalls problematisch sind Überbehütung oder grobe Haltungsfehler. Eine sichere Bindung kann so nicht entstehen, was sich beim Welpen in einem unsicheren und aggressiven Umgang mit Artgenossen und in einer Unfähigkeit zu spielen zeigen kann. Der Welpe ist häufig auch stark eingeschränkt in seinem Erkundungsdrang oder aber völlig überdreht. Lernen in innerlich gelöster und damit positiver Stimmung ist in dieser Situation kaum möglich. Die Erlebnisse, die der Welpe macht, versetzen ihn in eine unsichere bis ängstlich getönte Grundstimmung, was sich massgeblich in seinem Wesen niederschlägt. Im Extremfall kann es sogar dazu führen, dass der Welpe in fremder Umgebung oder in Gesellschaft anderer Leute nicht mehr unterscheiden kann, wohin und zu wem er tatsächlich gehört – er ist haltlos und hin und her gerissen. Das Fehlen dieser wichtigen Elemente zum Aufbau einer sicheren Bindung führt zu starken Einbussen in der Wesensentwicklung des Welpen.

Eine unsichere Bindung zum Fürsorgegaranten hat weitreichende nagative Auswirkungen und kann sich in einem aggressiven Umgang mit Artgenossen widerspiegeln.

Miteinbezug der Familie

Ist die Bindung zum Fürsorgegaranten sicher angebahnt, können sich nach und nach weitere Familienmitglieder um den jungen Hund kümmern. Nicht alle gleichzeitig versteht sich, aber in geregelten Bahnen, die vorher im Familienrat klar festgelegt wurden. Bei Kindern sollte immer ein Elternteil darauf achten, dass sich Kind und Hund an die Regeln halten. Je klarer diese für alle Beteiligten feststehen und konsequent gehandhabt werden, desto einfacher ist es für jeden Einzelnen, sich danach zu richten.

Den Welpen bei sich aufnehmen – Familienanschluss gewähren

Überlassen Sie den Welpen nicht einfach sich selbst – auch in der Nacht nicht! Erst wenn die Eingewöhnungsphase abgeschlossen und die Bindung zum Fürsorgegaranten ausreichend angebahnt ist, kann man in kleinen Schritten anfangen, den Welpen an das Alleinsein zu gewöhnen und in der Nacht langsam die Distanz zwischen dem Bett des Fürsorgegaranten und dem Lager des Welpen zu erweitern. Ein negatives Erlebnis in Form von unbewältigter Verlassenheitsangst kann die Grundstimmung des Welpen ängstlich färben und zu einem starken Einbruch in der Wesensentwicklung führen.

Optimale Startbedingungen

Der Welpe fühlt sich wohl

Wenn die Grundbedingungen und die Betreuung des Welpen stimmen, werden Sie bald spüren, dass der Welpe an innerer Sicherheit und Gelöstheit gewinnt. Er kann ausgelassen herumtollen, mit Ihnen spielen und «herumkugeln», er nimmt alles Mögliche in den Fang, erkundet seine Umgebung und testet die Grenzen aus. Noch mag er wahrscheinlich weniger nach draussen kommen, um noch mehr Neues zu sehen, denn eben erst hat er Vertrauen in Sie und die häusliche Umgebung gewonnen. Vergrössern Sie daher den Bereich «ums Haus herum» langsam und nehmen Sie sich Zeit, gemeinsam mit dem Welpen alles Unbekannte zu erkunden und spielerisch positive Erfahrungen zu sammeln ... und bald dürfte der Tag

Optimale Startbedingungen

kommen, an dem der Welpe lieber noch ein bisschen draussen bleiben möchte, um weitere spannende Dinge zu erleben, als wieder heimzukehren. Bindung gibt einerseits Halt und macht andererseits innerlich frei!

Quelle: In Anlehnung an den SHM-Sonderdruck Nr. 1 «Spielend vom Welpen zum Hund» von Dina Berlowitz und Heinz Weidt. Abschnitt «Sichere Bindung – sicheres Wesen», Seite 19–22.

Lässt sich der Welpe von der Hauptbezugsperson spielerisch in die entspannte Rückenlage drehen, darf dies meistens als ein positives Zeichen des Vertrauens gewertet werden.

Der geeignete Umgang mit Ihrem Welpen

In diesem Kapitel finden Sie Hinweise zum individuellen Umgang mit Ihrem Welpen, die bereits von Anfang an umgesetzt werden können. Es geht darum, erwünschte und unerwünschte Verhaltensmuster im Anfangsstadium zu erkennen und richtungsweisend darauf einzugehen.

Vorerfahrungen des Welpen berücksichtigen

Jeder Welpe sollte dort abgeholt werden, wo er innerlich steht. Hatte ein Welpe optimale Aufzuchtsbedingungen, dürfte er nach einer kurzen und gut gestalteten Eingewöhnungszeit* Vertrauen in den neuen Fürsorgegaranten finden und sich in seinem neuen Zuhause sicher bewegen können. Leider haben nicht alle Welpen den Vorteil, so glücklich ins Leben zu starten. Diese Welpen brauchen meistens mehr Zeit, um sich auf die neue Lebenssituation einzustellen und die «normalen Dinge» zu erlernen. Die Bedingungen so zu arrangieren, dass ein Welpe mit wenigen oder schlechten Vorerfahrungen mit Menschen eine sichere Bindung aufbauen kann, wird eine besonders intensive Herausforderung für den Fürsorgegaranten darstellen. Es kann länger dauern und viel Fingerspitzengefühl erfordern, den Zugang zum Welpen zu finden und eine Vertrauensbasis herzustellen. Damit der Welpe dann innerlich wachsen und positive Erfahrungen sammeln kann, braucht er zudem in besonderem Masse geschickt arrangierte Lern- und Spielgelegenheiten. Vorsicht ist dort geboten, wo viele Reize auf den Welpen einwirken, denn daraus kann schnell eine Überforderung entstehen. Ein verunsicherter Welpe kann darauf mit Rückzug, Flucht oder Aggression aus Unsicherheit reagieren. Es ist daher wichtig, den Welpen in kleinen Aufbauschritten an bislang unbekannte Situationen zu gewöhnen und ihm die Möglichkeit zu geben, die verschiedenen Eindrücke einzuordnen. Das Erfahrungsdefizit oder gar die schlechten Erlebnisse, die der Welpe vor der Übernahme gemacht hat, prägen diesen Welpen auf seine eigene Weise. Dies kann nicht rückgängig gemacht, bei optimalem Verlauf aber zumindest teilweise abgefedert werden.

*⇒ *Siehe «Optimale Startbedingungen», Seite 42*

Dem inneren Reifegrad angepasste Lerngelegenheiten fördern die Entwicklung einer gesunden Selbstsicherheit.

Die Bedeutung von erstmaligen Erlebnissen

Die Gefühle, die der Welpe bei Ersterlebnissen empfindet, bleiben meistens tief im Gedächtnis verankert und bleiben als Grundstimmung in ähnlichen Situationen erhalten. Sie sind somit richtungsweisend für den Erfahrungsgewinn und es gilt, ihnen gleich zu Beginn besondere Beachtung zu schenken. Vor allem in der Eingewöhnungsphase kommen solche erste Erfahrungen sehr häufig vor, weil der Welpe Ähnliches noch nicht erlebt hat. Generell ist es in allen neuen Situationen besonders wichtig, darauf zu achten, dass eine positive Stimmung herrscht, der Welpe nicht überfordert wird und er möglichst aus eigenem Antrieb (oder wenn nötig mit Ihrer animierenden Unterstützung) eine gute Erfahrung machen kann.

Ist Ihr Welpe sehr lebhaft, sollten Sie einen ruhigen Umgang mit ihm pflegen – ist er jedoch in sich gekehrt, sollten Sie ihn spielerisch zur Teilnahme am Geschehen motivieren.

Einschätzung der grundlegenden Temperamentseigenschaften Ihres Welpen

Ein ausgeglichenes Temperament könnte vielleicht etwa so beschrieben werden: Der Welpe ist aufgeweckt und bewegungsfreudig, ohne aufgedreht zu sein. Er ist neugierig gegenüber Neuem, dabei aber vorsichtig genug, um nicht blindlings in eine gefährliche Situation zu geraten. Wenn ihn etwas verunsichert, versucht er die Situation einzuordnen, indem er sich nach einem Moment des Zögerns oder kurzen Rückzugs wieder interessiert hervorwagt. Wenn Sie ihn geschickt mit einem Spielzeug animieren, lässt er sich darauf ein und spielt entspannt mit, ohne dabei immer wilder zu werden. Selbstverständlich trifft dieses mittlere Temperament, das jeder für sich auch nochmals etwas anders auslegen würde, niemals auf alle Welpen zu. Denn bei jedem Individuum wirken verschiedene Aspekte zusammen: Da ist zum einen die natürliche (rassespezifische) Temperamentsveranlagung des Welpen und die Art und Weise, wie sich diese Anlage bislang entfalten konnte. Zum anderen die momentane Bindungsqualität zum Fürsorgegaranten, die Art und Weise, wie mit dem Welpen umgegangen wurde, und der Erfahrungsschatz des Welpen, mit neuen Situationen umzugehen. Alle diese Komponenten wirken sich auf die Entwicklung des Welpen und sein Temperament aus – Temperament ist also zum Teil gegeben, zu einem anderen Teil aber durch die Umwelt und den Umgang beeinflussbar. Für Sie ist es nun wichtig, diese Punkte richtig einzuschätzen und, wo nötig und möglich, richtungsweisend darauf einzugehen.

Richtungsweisendes Eingehen auf die Entwicklung und das Temperament des Welpen

Durch einen gezielten Umgang und geschickt gewählte Situationen können Sie einen nicht zu unterschätzenden Teil zur Weiterentwicklung der mitgebrachten Eigenschaften Ihres Welpen beitragen. Besonders in der Prägungsphase findet durch verschiedene Einflüsse aus der Umwelt beim Welpen eine Feineinstellung der Temperamentslage statt, die es dem Welpen erlaubt, sich den Lebensumständen bestmöglich anzupassen. Selbstverständlich bewegt sich diese Anpassung im Rahmen der natürlichen Veranlagung. So wird aus einem äusserst lebhaften Welpen kein dauerhaft gemütlicher Schosshund und ein in sich ruhender Welpe dürfte kaum zu einer Agility-Rakete werden. Sie können aber trotzdem erkennen, dass

Temperament und Wesen naturgemäss also nicht nur «gegeben» sind, sondern sich besonders im Laufe der Prägungsphase verändern und festigen. In den folgenden Abschnitten finden Sie Hinweise, wo und wie diese Abläufe stattfinden. Finden Sie die Aussagen, die für Ihre Situation wichtig sind, und gestalten Sie den Umgang mit Ihrem Welpen so, dass er sich bestmöglich und Ihren Umständen entsprechend entwickeln kann.

Ungünstige Eigendressur vermeiden

Viele Welpen sind sehr einfallsreich und lassen sich alle möglichen Beschäftigungen einfallen. Sie eignen sich damit verschiedene Verhaltensweisen an, die manchmal wünschenswert sind, aber auch solche, die bei genauerem Hinschauen zu unerwünschtem Verhalten führen können. Ein Beispiel aus der Praxis: Eine Frau erzählte mir, dass sie Probleme mit Ihrem Jack Russell Terrier hat, der allem, was sich bewegt, hinter hehrjagt und dabei sämtlichen, sonst vorhandenen Gehorsam vergisst. Im Gespräch stellte sich heraus, dass er schon ein sehr temperamentvoller Welpe war und, um das Bedürfnis nach Beschäftigung auszuleben, im Garten Vögel jagen durfte – weil er diese ja sowieso nicht erwischte. Hier versteckt sich eine solche ungünstige Eigendressur. Die natürliche Veranlagung des Terriers, blitzschnell zu reagieren, und der innere Drang nach Beschäftigung wurden falsch kanalisiert und damit zum Selbstläufer. Dieses unerwünschte Verhalten wurde somit schon früh eintrainiert und eine Korrektur dürfte kaum oder nur sehr schwer möglich sein.

Erkennen Sie Situationen frühzeitig, in denen sich Ihr Welpe Verhaltensweisen aneignet, die später zu unerwünschtem, schwer korrigierbarem Verhalten führen können (hier das Jagen von Blättern).

Berücksichtigung von Temperamentsmerkmalen im allgemeinen Umgang

Im alltäglichen Umgang können Sie extremen Temperamentsmerkmalen gegensteuern, indem Sie sie nicht zusätzlich unterstützen und die Situationen so gestalten, dass die natürliche Tendenz nicht ungewollt verstärkt wird. Bei einem lebhaften Welpen ist selbstverständlich für ausreichende Beschäftigung zu sorgen. Lassen Sie den Welpen seinen Bewegungsdrang ausleben, aber vermeiden Sie es, diesen zusätzlich anzufachen. Suchen Sie zudem Beschäftigungsmöglichkeiten, bei denen die Geschicklichkeit (Motorik) und Konzentration über einen kurzen Zeitraum gefördert werden kann. Bei einem bedächtigeren, in sich gekehrten Welpen kann es stattdessen förderlich sein, sein Interesse und seinen Bewegungsdrang zu wecken, anstatt ihn einfach «sitzen» zu lassen. Wählen Sie Beschäftigungen und Spielarten aus, die ihn ansprechen und zu Bewegung veranlassen. Auch hier bieten sich zudem Gleichgewichtsübungen (z. B. auf einem Wackelbrett oder Balancierkarussell) an. Denn dabei werden die Sinne geweckt. Selbstverständlich darf man den Welpen dabei nicht überfordern. Im Rahmen seiner natürlichen Temperamentsveranlagung wird er von sich aus aktiver, wenn er, anfänglich eventuell mit Ihrer Motivation, dann aber aus eigenaktiver Erfahrung bemerkt, dass er von sich aus etwas bewirken kann.

Beobachten und feinfühliges Eingehen auf ein Lerngeschehen

Der Welpe nähert sich einer Herausforderung (beispielsweise einer Brücke, die über ein Bächlein führt). Gehen Sie mit dem Welpen mit und beobachten Sie, ob der Welpe eigenaktiv und ohne weitere Unterstützung die Herausforderung annimmt oder ob eine zusätzliche Motivation hilfreich ist. Wenn Sie dem Welpen über eine anfängliche Unsicherheit hinweghelfen müssen, versuchen Sie zuerst immer so wenig wie möglich, aber so viel wie nötig zu helfen. Bei der Brückensituation könte das zum Beispiel ein sicheres Vorausgehen über die Brücke sein. Dazu können Sie aufmunternd mit dem Welpen sprechen. Reicht dies nicht, können Sie beispielsweise mit den Fingern auf die Brücke klopfen oder ein Spielzeug auf die Brücke legen, um die Aufmerksamkeit des Welpen zu erlangen und ihm den Weg zu zeigen. Andersherum kann es aber auch durchaus einmal nötig sein, einen überaktiven Welpen erst zur Ruhe kommen zu lassen, bevor eine Lerngelegenheit in Angriff genommen werden kann.

Die richtige Lernstimmung

Mit einem vor Energie überschäumenden Welpen eine Gehorsams- oder Geschicklichkeitsübung machen zu wollen, die Konzentration und Ruhe erfordert, beschwört so manches Problem herauf, das man mit einer besseren Planung vermeiden könnte. Der Welpe sollte seine Energie erst ausleben dürfen, bevor sein Fürsorgegarant mit ihm die Übung wahrnimmt. Dabei ist allerdings davor zu warnen, den natürlichen Bewegungsdrang zusätzlich anzuheizen oder den Welpen Situationen auszusetzen, die seine Erregung zusätzlich immer höher steigen lässt. Ein ständiges Anfachen dieser von Natur aus hohen Erregbarkeit kann dazu führen, dass die Grundspannung des Welpen zunimmt und dann kaum mehr zu befriedigen ist.

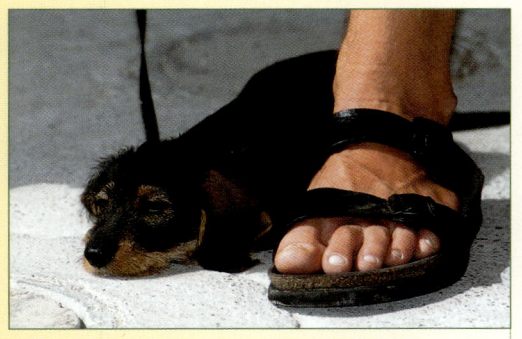

Die natürliche Müdigkeit muss bei der Förderung respektiert werden, um eine physische und psychische Überforderung zu vermeiden.

Auch hier gibt es natürlich die andere Seite: Ist der Welpe antriebslos, unaufmerksam oder abgelenkt, ist es die Aufgabe des Fürsorgegaranten, das Interesse des Welpen zu wecken, bevor eine Übung oder eine Lernsituation angegangen wird. Das gemeinsame Spiel bietet sich dazu an. In diesem Fall darf es ruhig etwas mehr Motivation sein, um die Aufmerksamkeit des Welpen zu erhöhen. Massgeblich beteiligt am Erfolg der motivierenden Unterstützung ist die Eigenschaft des Fürsorgegaranten, aus sich heraus zu kommen. Nützen Sie dazu auch Gegenstände, die vom Welpen bevorzugt werden, und machen Sie Geräusche, die den Welpen aufhorchen lassen. Veranlassen Sie ihn zur Bewegung, zum Klettern oder zu anderen körperlichen Aktivitäten, denn dadurch wird auch die Hirnaktivität in Schwung gebracht.

Das gemeinsame Spiel

Beobachten Sie während dem Spielen das Verhalten Ihres Welpen gut, denn hier lernt der Welpe viele Strategien und Umgangsformen, die er später auch ausserhalb des Spielgeschehens anwenden kann. Spielen Sie viel und von ganzem Herzen mit Ihrem Welpen, aber achten Sie dabei immer darauf, dass unerwünschte extreme Verhaltensweisen nicht gefördert oder unabsichtlich angeheizt werden. Wird der Erregungsgrad im Spiel ständig gesteigert, kann dies beim Welpen dazu führen, generell eher zu Überreaktionen zu neigen. Vermeiden Sie es daher, beispielsweise erhöhte aggressive Anteile im Spiel, Beissen in Gegenstände oder den Spielpartner, extreme Fixiertheit auf ein Spielzeug, erhöhte Reaktionsbereitschaft auf Bewegungsanreize usw. zu fördern. Denn, würde der Welpe regelmässig auf diese Weise «überdreht», könnte sich die Eigenschaft, leicht erregbar zu sein, in seinem Verhaltensmuster festigen und in verschiedenen Situa-

Beim gemeinsamen, spielerischen Herumkugeln darf auch der Welpe mal oben sein. Die Grundregeln, uns nicht im Gesicht zu beknabbern oder allgemein zu stark zuzubeissen, sollen jedoch gewahrt werden.

tionen vermehrt zum Vorschein kommen. Häufig anzutreffende Spielbeispiele, bei denen dazu veranlagte Welpen zu Überreaktionen neigen, sind: Reiss- und Zerrspiele, bei denen der Welpe immer heftiger wird, Ball- oder andere Objektspiele, die den Welpen richtiggehend «süchtig» machen, Spiele mit «Angeln», die spezifisch zum Nachjagen und Fangen animieren. Vielleicht können Sie generell die Intensität eines Spiels abschwächen, indem Sie Ihre Motivation in Grenzen halten und eher passiv mitmachen. Ist ein Spiel bereits im Gang und gerät aus den Fugen, sollten Sie sämtliche Spielaktionen unverzüglich abbrechen und weitere Aufforderungen oder aufmerksamkeitserregende Verhaltensweisen des Welpen ignorieren, bis er sich beruhigt hat. Achten Sie danach darauf, dass es während des Spiels gar nicht mehr so weit kommt, sondern schon frühzeitig eine andere Beschäftigung gesucht wird.

Veränderung des Welpen

Sie werden nun beobachten können, dass sich die Art, wie sich der Welpe verhält, und sein Umgang mit neuen Situationen verändert. Dies ist abhängig von der Bindungsqualität zum Fürsorgegaranten, dem situationsgerechten Umgang und den Erfahrungen, die der Welpe sammeln kann. So kann ein eher passiver, zurückhaltender Welpe mit dem Halt, den er beim Fürsorgegaranten findet, dem Erleben von positiven Erfahrungen und dem Gewinn an neuen Bewegungsmustern Selbstsicherheit gewinnen und damit etwas aktiver und lernbegieriger werden. Ein anfänglich sehr quirliger, unkonzentrierter Welpe kann seinerseits mit diesen Erfahrungskomponenten innerlich wachsen und damit ein Stück Gelassenheit und Konzentrationsfähigkeit erwerben.

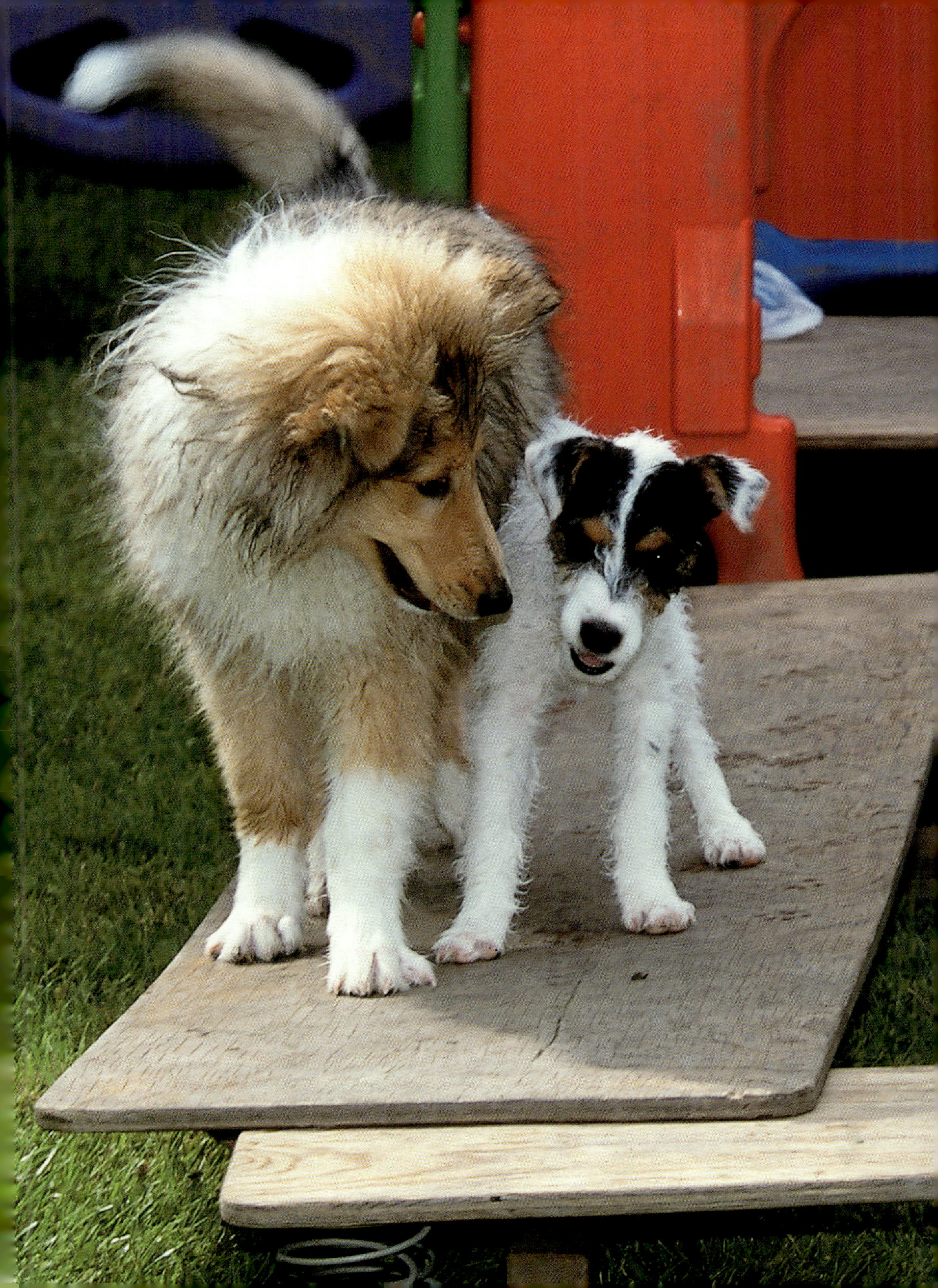

Ab ins Auto!

Wir fahren in die Berge, ans Meer, ins Nachbardorf, aufs Land hinaus, in die Stadt, an den See – eben einfach dahin, wo wir mit dem Hund die Welt so richtig geniessen können. Sie träumen davon und freuen sich, den Welpen endlich beim Züchter abholen zu können. Doch schon bei der ersten Autofahrt stellen sich ungeahnte Probleme ein – nach wenigen Metern erbricht der kleine Hund, er jammert und ist unruhig. Auch weitere Autofahrten enden damit, dass Sie mit Schwamm, Eimer und Seife den Innenraum Ihres Fahrzeugs reinigen. Ein erschreckender Gedanke stellt sich ein: «Was ist, wenn mein Hund nicht gerne Auto fährt? Sich sträubt, in den Wagen zu steigen? Jedes Mal erbricht, wenn es um die Kurve geht? Heult und nervös hechelt während der ganzen Fahrt?» Man ist schon ganz entnervt beim Gedanken ans Autofahren und die Träume von den schönen Ausflügen rücken in weite Ferne.

? **Was sollen wir beachten, wenn wir den Welpen beim Züchter mit dem Auto abholen?
Wie können wir unsere ersten Autofahrten mit dem Welpen gestalten?**

Vorerfahrungen beim Züchter

Es ist von Vorteil, wenn der Züchter schon ein oder mehrere Male eine kurze Autofahrt mit dem ganzen Wurf und der Mutterhündin unternommen hat. Beispielsweise bei einem Ausflug zu einem nahe gelegenen und ungefährlichen Ort. Die Welpen können dabei, im Schutze der Hündin und der vertrauten Gemeinschaft, ihre ersten positiven Erfahrungen beim Autofahren sammeln.

Gut ausgerüstet

Mit einem passenden Halsband, einer Leine, einem Napf, einer Flasche mit frischem Wasser, einer Rolle Haushaltstücher und einigen Kotsäckli sind Sie für die ersten Autofahrten und Versäuberungspausen mit Ihrem Welpen gerüstet.

Werden beim Züchter schon ein bis zwei Ausflüge mit dem Auto unternommen, können die Welpen in der vertrauten Gemeinschaft erste positive Erfahrungen sammeln.

Begleitperson und Abholzeit

Am besten bitten Sie jemanden, der im Besitz des Führerausweises ist, mitzukommen. Die ersten Autofahrten sollten immer zusammen mit einer Begleitperson unternommen werden, damit Sie sich, als Fürsorgegarant, um den Welpen kümmern können. Planen Sie von vornherein genügend Zeit ein, damit Hektik und Druck kein Thema sind.

Erkundigen Sie sich, wann die Welpen ihre Mahlzeiten kriegen, und richten Sie sich die Abholzeit so ein, dass Sie ca. ein bis zwei Stunden nach einer Fütterung losfahren können. Unmittelbar vor der Fahrt sollte der Welpe noch die Gelegenheit haben, ein letztes Mal mit den Wurfgeschwistern zu spielen und sich zu versäubern. Ist er dann müde

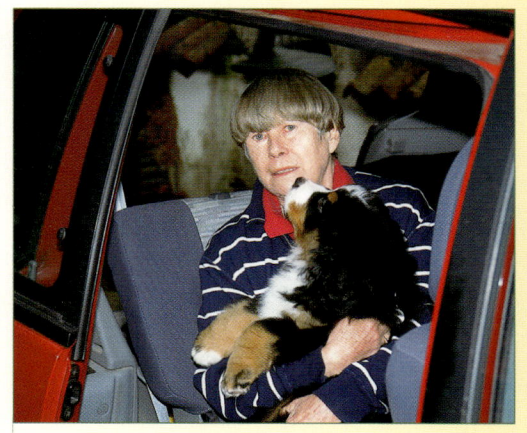

Der Kontakt zur zukünftigen Hauptbezugsperson soll bei den ersten Autofahrten nicht fehlen.

und zufrieden, dürfte der Zeitpunkt am idealsten sein, sich zu verabschieden.
⇒ *Siehe auch «Planung der Abholung», Seite 41*

Die Fahrt kann losgehen

Setzen Sie sich auf den Beifahrer- oder Rücksitz und legen Sie einige Lagen Haushaltstücher auf Ihren Schoss oder auf den Boden des Fussraumes. Nun kann Ihnen der Welpe ins Auto gegeben werden.
Wenn Sie den Welpen in einer Box transportieren möchten, wäre es ideal, er wäre schon mit der Box vertraut gemacht worden*. Es ist aber in jedem Fall wichtig, dass der Welpe während der Fahrt Kontakt zu Ihnen hat, damit keine Verlassenheitsangst und Unruhe aufkommt.
Nach kurzer Zeit schlafen die meisten Welpen ein. Solange der Welpe schläft, können Sie zufahren. Wacht er dann etwas später auf, ist es an der Zeit, eine Versäuberungspause – wenn möglich an einem ruhigen Ort – einzulegen. Halten Sie den Welpen dabei immer an der Leine. Denn er dürfte noch nicht wissen, zu wem und wohin er gehört, und könnte daher, schneller als man denkt, davonsausen. Vertreten Sie sich gemeinsam etwas die Beine und bieten Sie Ihrem Welpen frisches Wasser an, bevor die Fahrt fortgesetzt wird.
⇒ ** Siehe auch «Wie kann man den Welpen an die Box gewöhnen?», Seite 87*

Wenn der Welpe während dem Fahren wach ist

Ist der Welpe nun auch während dem Fahren wach, lassen Sie ihn alles beobachten, aber nicht im Auto herumhüpfen. Denn dies ist aus Sicherheitsgründen unvernünftig und der Welpe sollte sich von Anfang an nichts angewöhnen, was man ihm später mit viel Mühe wieder abgewöhnen muss. Vielleicht wird er etwas unruhig und wimmert, weil er seine Mutter und Geschwister sucht oder einfach, weil ihm die Situation nicht so geheuer ist. Streicheln Sie ihn in diesem Moment nicht! Verkneifen Sie sich auch tröstendes Zureden, denn damit würden Sie den Welpen ungewollt für seine Angst belohnen.
Vermitteln Sie stattdessen eine gelöste Stimmung. Sprechen Sie aufmunternd mit dem Welpen oder führen Sie ein lustiges Gespräch mit Ihrer Begleitperson. Halten Sie den Welpen dabei ruhig in Ihren Händen. Sitzt er in einer Transportbox, können Sie ihn an Ihrer Hand schnuppern lassen. Damit kann er spüren, dass er nicht alleine ist.
Legen Sie bei längeren Fahrten mehrere Pausen ein. Wenn der Welpe sehr aktiv ist und nicht mehr still sitzen mag, spielen Sie am besten an einem ungefährlichen Rastplatz mit ihm. (Sicherheitshalber nicht von der Leine

lassen.) Nicht vergessen: Nach dem Spielen muss sich der Welpe meist nochmals versäubern, ehe die Fahrt weitergeht.

Eine gute Grundlage ist gelegt

Ist die erste gemeinsame Fahrt für den Welpen angenehm verlaufen, ist der Grundstein zu weiteren problemlosen Autofahrten ins Rollen gebracht worden. Wichtig ist, dass nun auch eine sorgfältige Gewöhnung erfolgt. Der Welpe wird dabei schrittweise an längere Fahrten und auf seinen zukünftigen Mitfahrplatz vorbereitet.

? Wie kann man den Welpen optimal ans Autofahren auf seinem Platz gewöhnen?

Positive Erfahrungen geben mehr Sicherheit

Nach einigen Autofahrten, wie sie oben beschrieben wurden, ist die Eingewöhnungszeit des Welpen bei seiner neuen Familie und in seinem neuen Zuhause bestimmt ebenfalls positiv verlaufen. Der Welpe weiss, wohin er gehört, und dass es ihm dort an nichts mangelt. Die Bindung zu seinem neuen Fürsorgegaranten ist angebahnt, er konnte erfahren, dass er sich auf ihn verlassen kann. Damit hat der Welpe allgemein an innerer Sicherheit gewonnen und kann langsam daran gewöhnt werden, im Auto auf seinem zukünftigen Platz mitzufahren.

Ein begrenzter Platz im Laderaum gibt dem Welpen mehr Halt in der Kurve ... dies könnte auch mit einer anderen weichen Polsterung erreicht werden.

Wo soll der Welpe mitfahren?

Je nach Autotyp und Familiengrösse gibt es verschiedene Möglichkeiten, wo und wie der Welpe im Fahrzeug untergebracht werden kann. Bei dieser Entscheidung sollte der Sicherheit der Insassen und der des Welpen Beachtung geschenkt werden.

Der Hund im Auto – ist er richtig gesichert?

Auszug aus dem Beitrag des Touring Club Schweiz im Schweizer Hunde Magazin Nr. 1/04. Mit freundlicher Genehmigung des Projektleiters, Peter

Frey, TCS, CH-6032 Emmen: *Bei der Sicherheit hebt sich die fest installierte Box von der Transportbox, beide aber ganz klar von den übrigen Systemen ab. Der geprüfte Hundesicherheitsgurt ist besser als sein Ruf und der Hund kann beim Öffnen der Türen auf einer Raststätte oder bei defekten Scheiben nach einem Unfall nicht auf die Fahrbahn springen. Ein Unterschied, welcher sich beim Trenngitter und -netz als nachteilig erwies. Die Schondecke ist, wie es der Name sagt, nur zum Schonen des Fahrzeuges und keinesfalls für die Sicherheit.* Der vollständige Beitrag kann auf der Homepage www.hundemagazin.ch unter Ratgeber nachgelesen werden.

Übersicht der Ergebnisse der Tests (Januar 2004)	Box	Transportbox	Trenngitter	Trennnetz	Geschirr	Schondecke
∅ **Sicherheit**	☺	☺	😐	😐	😐	☹
∅ **Material/System**	☺	☺	☺	😐	😐	😐
∅ **Für den Hund**	☺	☺	😐	😐	😐	😐
∅ **Total**	☺	☺	😐	😐	😐	😐

Auf dem Rücksitz finden Hunde bei stärkeren Bremsmanövern wenig Halt. Bei einem Auffahrunfall kann der Hund durch das Fahrzeug geschleudert werden und damit auch Personen verletzen.

Fahrbewegungen

Die Fahrbewegungen sind hinten im Heck am deutlichsten zu spüren. Setzen Sie den Welpen nicht mitten auf die Ladefläche, ohne ihm mittels einer Box, einem seitlichen Absperrgitter oder einer weichen Polsterung (dickes Kissen/Schaumgummirolle) Halt zu verschaffen. Ansonsten kann es den Welpen beim Kurvenfahren oder Bremsen im Gepäckraum umherschleudern. Die negativen Empfindungen werden dann häufig ganz generell mit dem Autofahren verbunden, was dazu führen kann, dass bereits Motorengeräusche oder normales Geradeausfahren beim Welpen Übelkeit und Erbrechen auslösen.

Auf dem Rücksitz ist das Fahrgefühl etwas dezenter, der Welpe braucht aber trotzdem genügend Halt und muss davor bewahrt werden, vom Sitz herunterzufallen. Eine spezielle Schondecke kann die Sturzgefahr beseitigen, ersetzt aber nicht den dringend empfohlenen Hundesicherheitsgurt. Ist ein Hund «an Bord», sollte es in jedem Fall selbstverständlich sein, ruppiges Fahren und rasantes Kurvenschneiden zu vermeiden.

Gewöhnung an den Platz im Auto

Machen Sie den Welpen mit der neuen Situation bekannt. Er soll seinen Platz im Auto ausgiebig beschnuppern können. Sie können zur positiven Verstärkung auch einige Belohnungshappen streuen, die der Welpe aufsammeln darf. Hat er sich auf seine neue Lage eingestimmt, können Sie mit kurzen, ca. fünf Minuten langen Fahrten beginnen. Jede Fahrt sollte mit einem angenehmen und interessanten Ziel in Verbindung gebracht werden. Wenn der Welpe das Autofahren mit einem positiven Erlebnis verknüpfen kann, wird er sich bald darauf freuen, im Auto mitgenommen zu werden. Nun können die Fahrten allmählich verlängert werden. Planen Sie jedoch immer genügend Zeit und bei langen Strecken auch einige Pausen ein.

Erziehung anbahnen

Wenn Sie die Wagentüre öffnen, soll der Welpe nicht gleich rausspringen dürfen. Lehren Sie ihm von Anfang an, einen Moment zu warten und erst auf Ihr klares Hörzeichen auszusteigen. Sprünge aus dem Auto sollten anfänglich sowieso noch vermieden werden, um den Bewegungsapparat des Welpen zu schonen. Nebst der Förderung der Feinmotorik und Bewegungskoordination, stärkt das Überwinden von Treppen und anderen kleineren Hindernissen Bänder und Muskeln. Der Körper wird optimal gefordert und die Gelenke erhalten Unterstützung im wahrsten Sinne des Wortes. Ist dies ausreichend geschehen, sollte auch ein Sprung vom Laderaum des Wagens dem Bewegungsapparat des jungen Hundes nichts mehr anhaben können.

Für die Sicherheit beim Aussteigen ist es wichtig, dass der Welpe von Anfang an lernt, nur auf ein Hörzeichen auszusteigen.

Verschiedene Mitfahrgelegenheiten

Wenn der Welpe problemlos im Auto mitfahren kann, ist es empfehlenswert, auch Erfahrungen in fremden Wagen zu sammeln. Transportieren Sie den Welpen mal im Beifahrerfussraum beim Fürsorgegaranten oder auch zusammen mit anderen Hunden im Heck. Der junge Hund wird damit auf die verschiedensten Situationen vorbereitet. Wenn man später unterwegs ist, ist es gut zu wissen, dass man mit seinem Vierbeiner problemlos ein Taxi nehmen, bei jemand anderem mitfahren oder mit Kindern und anderen Hunden das Auto teilen kann.

? **Unser Welpe erbricht während dem Autofahren, was können wir tun, damit dies nicht mehr passiert?**
Der Welpe wimmert und ist unruhig während der ganzen Fahrt. Wie können wir dem Welpen vermitteln, dass er still sein soll?

Probleme nicht anstehen lassen

Ihr Welpe erbricht oder speichelt während der Autofahrt, wimmert oder ist in einer anderen Art unruhig. Jeder Ausflug wird zur Anstrengung, sowohl für den Welpen als auch für die ganze Familie. Der Welpe scheint das Autofahren negativ verknüpft zu haben und es geht ihm dabei körperlich wie psychisch im wahrsten Sinne des Wortes «schlecht». Dies kann verschiedene Ursachen haben. Wie alle Probleme, sollte man auch dieses nicht anstehen lassen. Ansonsten könnte es passieren, dass Ihr Welpe nicht mehr gerne ins Auto steigt oder versucht, das Einsteigen zu verweigern, und sich die Angst sich immer tiefer festsetzt.
⇒ Siehe auch «Gleichzeitig Erlebtes und Empfundenes verknüpft sich», Seite 14

Trockenübung in kleinen Schritten

Damit der Welpe die Angst vor dem Autofahren verlieren kann, ist es wichtig, erst einige Trockenübungen zu machen. Je nach Grad der Aufregung, die der Welpe zeigt, wenn er ins Auto gesetzt wird, sollten die einzelnen Übungsschritte ein oder mehrere Male wiederholt werden. Auch die Zeit, die der Welpe im Auto verbringt, sollte dem Verhalten des Welpen angepasst werden. Von anfänglich ca. 5 Minuten kann die Dauer langsam aufwärts gesteigert werden.

Welpen, die nicht gerne Auto fahren, sollten schrittweise an die Situation herangeführt werden. Zu Beginn soll der Welpe Zeit haben, seinen Platz im Auto kennenzulernen, ohne dass man losfährt.

Vertrauen schaffen

Zu Beginn setzen Sie den Welpen ins Auto und geben ihm die Gelegenheit, seinen Bereich zu beschnüffeln und zusammen mit Ihnen zu erkunden. Wenn der Welpe gehemmt ist und nicht erkunden kann, können Sie versuchen, ihn zu einem lustvollen Spiel zu animieren. Die Heckklappe oder Türe sollte dabei offen bleiben. Heben Sie daraufhin den Welpen wieder aus dem Auto und beenden Sie damit die Übung für diesen Tag.

Mahlzeit im Auto

Beim nächsten Schritt können Sie dem Welpen einen Kauknochen oder eine normale Mahlzeit im Auto geben. Lassen Sie auch dabei die Türe offen und bleiben Sie beim Welpen. Klappt diese Übung gut, kann die Türe während dem Fressen geschlossen werden. Setzen Sie sich ebenfalls in den Wagen und erzählen Sie eine fröhliche Geschichte. Es geht darum, dass der Welpe, der nicht über den Rand der Sitzlehne gucken kann, hört, dass alles in Ordnung ist und er nicht alleine gelassen wurde.

Motorgeräusche kommen hinzu

Sie können nun dazu übergehen, den Motor zu starten. Fahren Sie aber noch nicht gleich los, sondern geben Sie dem Welpen Zeit, sich an das

Für Übungen im stehenden Wagen mit laufendem Motor muss immer die Heckklappe geschlossen werden, damit der Welpe nicht raushüpfen kann und keine Abgase ins Innere des Wagens gelangen.

Motorengeräusch zu gewöhnen. Diese Übung sollten Sie so weit ausbauen, dass der Welpe auch ohne Futter ruhig im Auto sitzen bleibt. Beachten Sie beim Weglassen des Futters, dass Sie die Übung nicht gerade zur üblichen Fütterungszeit beginnen. Die Erwartungshaltung des Welpen würde zusätzlich für Unruhe sorgen. Lassen Sie zwischen Fütterungszeit und Autofahrt etwa eine Stunde verstreichen. Die Lektion fällt leichter, wenn der Welpe müde und satt ist und sich ausreichend versäubert hat.

Quartierrunde

Wir gehen davon aus, dass sich der Welpe ruhig verhält, wenn Sie den Motor im Leerlauf surren lassen. Idealerweise hat der Welpe gemerkt, dass er dabei einfach warten muss, nichts Sonderliches passiert und er am besten ein Nickerchen macht. Fahren Sie behutsam los und drehen Sie eine kleine Runde im Quartier. Vermeiden Sie ruppige Bremsmanöver oder zügiges Fahren in engen Kurven. Wenn Sie von der kurzen Autofahrt zurück sind, stellen Sie den Motor ab und warten einen Moment. Bleibt der Welpe dabei ruhig, können Sie die Übung beenden.

Ist der Welpe jedoch unruhig, warten Sie auf einen günstigen, entspannten Augenblick und laden Sie den Welpen erst dann aus. Sonst könnte er verknüpfen, dass sich die Tür öffnet, wenn er nur laut genug bellt oder jault. Die Unruhe ist ein Zeichen von Angst und Unwohlsein. Beim nächsten Übungstermin sollten Sie daher nochmals einen Gang zurückschalten und die Übungen im stehenden Auto mit laufendem Motor vertiefen. Sie können dem Welpen dabei einen Kauknochen zur Beschäftigung und Ablenkung geben.

Fahrstrecken allmählich verlängern

War die Quartierrundfahrt ein Erfolg, können Sie die Fahrstrecke schrittweise verlängern. Wenn Sie vorwiegend angenehme Ausflugsziele wählen, wird sich der Welpe bald freuen, im Auto mitgenommen zu werden. Mit dieser positiven Stimmung im Bauch wird er auch die Fahrbewegungen besser verkraften und sich nicht mehr aufregen oder übergeben müssen.

Medikamente

Beruhigende Medikamente sind meist nicht sinnvoll, denn sie setzen die Wahrnehmung des Welpen herab. Damit wird ihm die Möglichkeit genommen, sich mit der Situation aktiv auseinanderzusetzen und sie mit allen seinen Sinnen positiv einzuordnen.

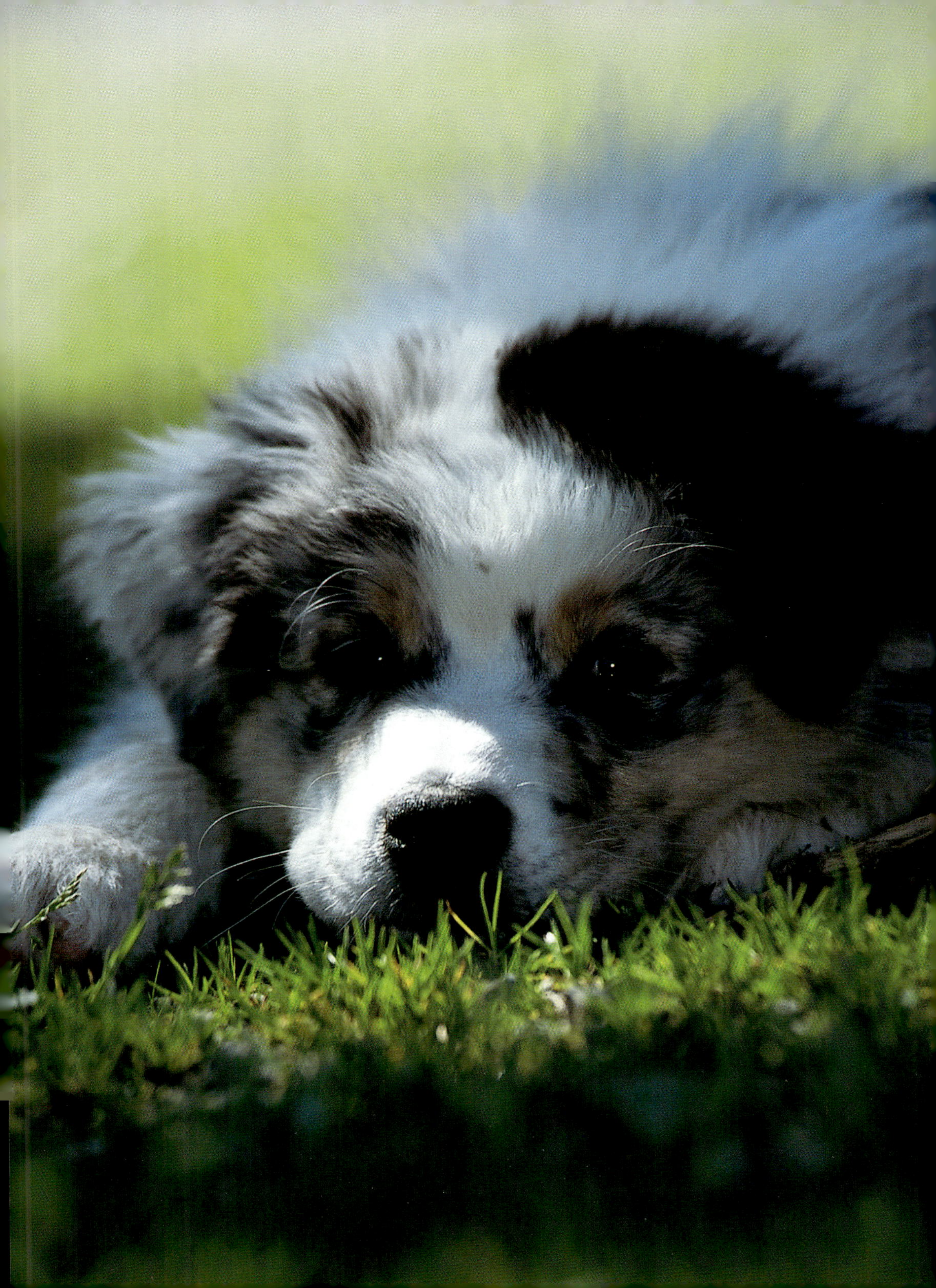

Die ersten Tage im neuen Zuhause

Sie haben den Welpen abgeholt und er ist nun erstmals alleine mit Ihnen in seinem neuen Zuhause. Für den Welpen ist es nun wichtig, Vertrauen in seinen neuen Fürsorgegaranten und die Umgebung zu gewinnen. In diesen ersten Tagen beschäftigen einen meistens die Dinge, die im und unmittelbar ums Haus herum stattfinden, und erste Fragen tauchen auf.

? Wie können wir dem Welpen die Eingewöhnung in unseren Tagesablauf bestmöglich gestalten?

Regelmässigkeit in den Alltag bringen

Achten Sie darauf, dass Sie einen geregelten Tagesablauf haben. Die Fütterungszeiten des Züchters können anfänglich übernommen werden, um einen kleinen Teil des Alltags des Welpen beizubehalten. Es erleichtert ihm, sich in die neue Umgebung einzuleben, sich dem Rhythmus in Ihrem Haushalt (soweit das in seiner Entwicklungsphase möglich ist) anzupassen und sich auf Sie zu verlassen. Schauen Sie auch darauf, dass der Tag genug Ruhephasen bietet. Gerade wenn Sie Kinder haben, ist oft eine Menge los, was den Welpen ständig auf Trab hält. Ein solcher Grad an Aufregung und Rastlosigkeit kann sich im Wesen des Welpen festigen. Eine gewisse Nervosität und leichte Erregbarkeit begleiteten diesen Hund dann womöglich sein Leben lang.

Leitplanken

Grenzen Sie von Anfang an ab, was der Welpe darf und was unerwünscht ist. Dabei sind übermässige Verhaltensleistungen jedoch unbedingt zu vermeiden. Beispielsweise kann der Welpe nicht zwischen alten und neuen Schuhen unterscheiden oder Aufforderungen wie: «Komm» oder: «Mach Platz!» ohne vorausgehende Übung ausführen. Man kann ihm jedoch von Anfang an vermitteln, dass er zum Beispiel nicht auf das Sofa oder Teppichfäden herausziehen darf. Grenzen sollten eindeutig definiert und von der ganzen Familie gleich gehandhabt werden. Als soziales Lebewesen ist der Welpe von Natur aus bemüht, sich in den Familienverband und die geltenden Regeln einzufügen. Die klaren Strukturen geben dem Welpen Halt und die Möglichkeit, erwünschtes Verhalten vermehrt zu zeigen und unerwünschtes Verhalten abzulegen.

? Kollegen und Nachbarskinder möchten den Welpen besuchen. Wir denken, dass es viel Wirbel geben könnte. Auf was sollen wir achten?

Bei der Ankunft des Welpen sollte es bei Ihnen im Haus ruhig zu- und hergehen. Sie als Fürsorgegarant, der anfänglich die Hauptaufgaben in der Welpenbetreuung wahrnehmen wird, sollten den Welpen mit der neuen Umgebung bekannt machen – setzen Sie sich dazu auch einmal auf den Boden und nehmen Sie so spielerisch Kontakt zu Ihrem Welpen

auf. Die ersten Tage sollten Ihnen, Ihrer Familie und dem Welpen gehören. Das Kennenlernen der eigenen Familie, des neuen Zuhauses und des Tagesablaufes stehen für den Welpen im Vordergrund. Danach kann tröpfchenweise Besuch eintrudeln.

Besuch stellt sich ein

Der Kontakt zu fremden Personen ist eine sehr gute Übung und kann an verschiedenen Orten stattfinden. Kommt nun Besuch zu Ihnen, können sich einzelne Leute und der Welpe kennenlernen. Weisen Sie den Besucher ein, dem Welpen ruhig zu begegnen und nicht gleich nach ihm zu greifen. Wenn er sehr quirlig reagiert, sollte er nicht zusätzlich aufgezogen werden. Eine leise Begrüssung ist dann förderlicher als ein belebtes Spiel. Ist der Welpe eher scheu, darf er nicht eingeengt werden. Idealerweise setzt sich die Person auf den Boden und wartet, bis der Welpe neugierig herankommt. Wenn der Welpe von sich aus Kontakt aufnimmt, kann vermieden werden, dass der Welpe unabsichtlich in Bedrängnis gerät. Da die Entwicklung der Bindung zum Fürsorgegaranten in dieser Phase auch erst am Entstehen ist, muss eine Überforderung durch Fremdpersonen in jeder Hinsicht vermieden werden. Der Welpe könnte sonst in seinem inneren Gleichgewicht, das er eben erst wieder erlangt hat, gestört werden. Viele Welpen sind aber auch ganz unbefangen und neugierig gegenüber fremden Personen, dann kann der Besuch selbstverständlich genauso gelassen und natürlich auf ihn zugehen.

Kinder kommen vorbei

Kinder sollten einzeln und im Beisein der Erwachsenen mit dem Welpen Kontakt aufnehmen. So kann man vermeiden, dass es gegenseitig schlechte Erfahrungen gibt. Manchmal kommt schnell ein ausgelassenes Spiel zustande, dieses soll jedoch nicht zu wild werden. Beruhigen Sie die Situation unbedingt, bevor Kind und Welpe zu übermütig werden. Die innere Belastungsgrenze des Welpen muss gewahrt werden. Das sollten Sie den Kindern erklären. Bei kleinen Kindern empfiehlt es sich, Alternativbeschäftigungen bereitzuhalten.

_____ Die ersten Tage _____

? **Wie gewöhnt man den Welpen an die Stubenreinheit?**
Was können wir tun, wenns drinnen passiert?
Der Welpe muss 3 – 4 Mal in der Nacht nach draussen, ist das normal?

Faustregel: Der Welpe muss nach dem Fressen, dem Spielen und dem Schlafen nach draussen gebracht werden, um sich zu lösen. Zudem ca. alle zwei Stunden (eventuell auch in der Nacht) – was jedoch individuell verschieden sein kann. Wenn Sie genügend auf dieses Bedürfnis eingehen und einen geregelten Tagesablauf haben, werden sich die Zeiten von selbst verlängern und auch die Nachtruhe wird sich langsam einpendeln.

Dem Welpen lehren, wo wir es denn gerne hätten

Selten winselt ein Welpe, um anzuzeigen, dass er sich lösen muss, oder kratzt an der Türe, damit er rausgelassen wird. Viel eher sind es unauffällige Verhaltensweisen, die uns signalisieren können, dass der Welpe ein «Geschäft» erledigen muss. Wenn Sie Ihren Welpen gut beobachten, werden Sie bald herausfinden, welche Anzeichen dies sind. Beispiele: Schnuppern an der ausgesuchten Stelle, davontippeln, um ein «ruhiges Plätzchen» zu suchen, und natürlich sich hinkauern ... Reagieren Sie sofort! Blitzschnell und ohne grosse Worte den Welpen auf den Arm nehmen und ab nach draussen. Dort lange genug warten, bis er uriniert und/oder Kot abgesetzt hat – loben, wenn es so weit ist. Durch das zackige Auf-den-Arm-Nehmen wird der Welpe etwas erschrecken und damit sein «Geschäft» halten, währenddem Sie nach draussen eilen. Danach kann es schon ein Weilchen dauern, bis er sich lösen kann oder vielleicht daran «erinnert», was gerade war. Bleiben Sie geduldig und vermeiden Sie Ablenkung.

Üben Sie sich in Geduld, bis der Welpe gelernt hat, sich an einem bestimmten Ort zu versäubern.

Loben ... erinnern ... auffordern

Es ist sinnvoll, zum Loben immer dasselbe Wort zu benutzen, z. B.: «Brav Bisi» – denn hat der Welpe Wort und Tätigkeit einmal verknüpft, können Sie ihn später daran erinnern oder ihn dazu auffordern, noch ein «Bisi» zu machen.

Waren Sie zu langsam – oder haben es nicht bemerkt und das Pfützchen ist schon drinnen passiert –, kann nur noch geputzt werden. Beim Putzen darf gemurrt werden: «Mmmh, das ist nicht so toll.» Der Welpe soll das Murren aber nicht auf sich beziehen oder als Strafe auffassen! Es soll ihm nur signalisieren, dass die Situation unerwünscht ist. Auf keinen Fall mit dem Welpen schimpfen oder gar die Nase reindrücken – Sie würden den Welpen für das Harnlösen bestrafen, das einem natürlichen Grundbedürfnis entspricht. Er würde die Strafe kaum mit dem «Tatort» in Verbindung bringen.

In der Nacht verschläft man gerne die «feinen» Anzeichen ...

Suchen Sie vor dem Schlafengehen nochmals den üblichen Versäuberungsplatz auf. Wenn der Welpe sich versäubert hat, können Sie in Ruhe ins Bett gehen. Während der Nacht brauchen Sie ihn nicht aufzuwecken, um nach draussen zu gehen – Sie sollten aber in der Lage sein, den Welpen zu hören, wenn er wach und unruhig wird, um auf sein Anzeigen zu reagieren und mit ihm möglichst schnell hinauszugehen. Trotzdem kann es passieren, dass der Welpe sein «Geschäft» verrichtet, ohne dass Sie es bemerken. Seinen eigenen Schlafplatz sauber zu halten, hat der Welpe meist schon in der Wurfkiste gelernt. Erstellen Sie bei Problemen in der Nacht daher eine Absperrung rund um das Hundebett, sodass der Welpe nicht mehr rausklettern kann. Drückt nun die Blase, wird er sich höchstwahrscheinlich bemerkbar machen (scharren, winseln o. ä.), weil es ihm nicht behagen würde, den eigenen Schlafplatz zu verunreinigen.
⇒ Siehe auch «Der Schlafplatz», Seite 80

Sofort reagieren

Reagieren Sie auch hier sofort und tragen Sie den Welpen eilig nach draussen. Ein Welpe kann es sich noch nicht lange verkneifen und müsste dann notgedrungen doch in sein eigenes Lager machen. Passiert dies häufig, kann eine Fehlverknüpfung die Folge sein. Das Ziel wäre aber, dass der Welpe letztlich verknüpfen kann, dass er mit seinem aufmerksamkeitserweckenden Verhalten auf seine missliche Situation aufmerksam machen kann ... und im Idealfall behält er das dann auch ohne Absperrung bei! Loben Sie, wenn der Welpe sein «Geschäft» verrichtet – aber machen Sie kein Aufsehen und spielen Sie in diesem Fall nicht mit Ihrem Welpen; es soll ja nicht spannend und lässig werden ... so mitten in der Nacht, zwei, drei Mal ...

Beobachten Sie Ihren Welpen, um herauszufinden, was die Anzeichen für ein baldiges Versäubern sein können ... vielleicht eine spezielle Körperhaltung, die das Suchen einer geeigneten Stelle anzeigen?

Missverständnisse

Der Welpe ist unter bestimmten Umständen nicht stubenrein. Es ist jedoch ein Trugschluss, zu denken: «Das macht der Welpe sicher, um uns zu ärgern.» Oder «Das macht er aus Trotz!» Sehen wir in den folgenden Beispielen etwas genauer hin:

a) Man kommt gerade vom Spaziergang heim. Kaum ist man drinnen angelangt, erledigt der Welpe sein «Geschäft». Er macht das kaum absichtlich – vielmehr war der Spaziergang in der noch neuen Umgebung spannend und aufregend. Zurück in der vertrauten Stube, kann der Welpe sich entspannen und – ja eben, sich lösen.

b) Es regnet in Strömen und man geht angewidert mit dem Welpen nach draussen. An den Schirm geklammert, wartet man, doch der Welpe kann sich einfach nicht versäubern. Schulterzuckend wird der Rückweg angetreten. Wieder in der warmen Stube, lässt der Welpe erleichtert laufen. Hier hat wahrscheinlich eine Stimmungsübertragung stattgefunden, quasi im Sinne: «Iiiih, da draussen ist es ungemütlich – schnell wieder rein. Daaa ist es angenehm!» Wetterfeste Kleidung, ein Lachen im Gesicht und einige muntere Schritte hätten dem Welpen eine gelöstere Stimmung vermittelt und man hätte verrichteter Dinge heimkehren können.

c) Geschafft! Der Welpe ist stubenrein, man hat seit Tagen/Wochen keine Pfützchen oder Häufchen mehr aufputzen müssen. Völlig unverhofft finden Sie einen verdächtig nassen Fleck im Wohnzimmer – sind Sie bitte nicht enttäuscht oder verärgert. Versuchen Sie stattdessen, die Gesamtsituation zu erfassen: War heute ein sehr ereignisreicher Tag? War der Welpe vielleicht überfordert? Gab es irgendwelche angespannte Situationen, die den Welpen verunsichert haben könnten? Haben Sie den üblichen Rhythmus stark verändert und der Welpe ist «aus der Fassung» geraten? Versuchen Sie, die Wurzeln des Rückschlages zu erfassen und gegebenenfalls zu beseitigen. Bleiben Sie geduldig, schimpfen würde alles nur verschlimmern! Beginnen Sie nochmals von vorne, meist ist eine solche Phase in kürzester Zeit überwunden.

d) Der Welpe kann schon für kurze Zeit alleine gelassen werden. Diesmal haben Sie ihn etwas länger zurückgelassen. Bei der Rückkehr bemerken Sie, dass der Welpe sich anders verhält, und finden dann eine nasse Stelle oder ein Häufchen im Wohnbereich. Auch hier hat dies nichts mit einer trotzigen Reaktion auf Ihr Wegbleiben zu tun! Meistens ist der Welpe mit dem Alleinsein überfordert gewesen und hatte so grosse

Die ersten Tage

Angst, dass er seine Ausscheidungen nicht mehr kontrollieren konnte! Bei Ihrer Rückkehr verhält er sich dann anders, weil die Wiedersehensfreude noch durch das Erlebnis der tiefgreifenden Verlassenheitsangst beeinträchtigt ist. Dieses zwiespältige Verhalten kann im entferntesten Sinne wie «schuldbewusst» aussehen und damit völlig falsch interpretiert werden. Es ist auch möglich, dass der Welpe erst komisch reagiert, wenn Sie die Verunreinigung finden, was aussehen kann, als hätte der Welpe bewusst etwas Unerwünschtes getan. Tatsächlich reagiert der Welpe aber nur sehr feinfühlig auf Ihre Stimmungsveränderung.

Eine solche Situation muss gleich beim ersten Mal sehr ernst genommen werden. Überprüfen Sie daher den bisherigen Aufbau des Alleinseins und teilen Sie die Zeit der Abwesenheit in kleinere, der Entwicklung des Welpen angepasstere Schritte ein. Vielleicht ist es aber sogar noch zu früh, das Alleinsein anzugehen, und Sie sollten den Welpen zuerst darin unterstützen, wirklich Vertrauen in Sie und die Umgebung zu finden.

⇒ Siehe auch «Alleinsein – Vermeiden von Verlassenheitsangst», Seite 13
⇒ Siehe auch «Wie kann man den Welpen ans Alleinsein gewöhnen?», nächste Fragestellung

Gesundheit

Achtung: Blasenentzündungen oder andere Krankheiten können ebenfalls einen Rückschlag in der Stubenreinheit zur Folge haben. Schöpfen Sie Verdacht darauf, dann sollten Sie es nicht versäumen, sofort den Tierarzt zu konsultieren.

? Wie kann man den Welpen ans Alleinsein gewöhnen?
Wie lange kann man einen Welpen alleine lassen?
Was kann getan werden, wenn der Welpe heult und bellt, wenn er alleine ist?
Wie kann man dem Welpen abgewöhnen, dass er Sachen klaut oder zerstört, wenn man abwesend ist?

Das Alleinsein ist für ein soziales Lebewesen ein artwidriger Zustand. Lässt man den Welpen alleine zurück, kann in ihm eine tiefgreifende Verlassenheitsangst aufkommen. Um dem Welpen diese natürliche Angst zu nehmen, sollte er möglichst während der Prägungsphase (bis zum Alter von ca. 14–16 Wochen) lernen, dass ihm nichts passieren wird, wenn er eine kurze Zeit lang alleine ist.

Heulen, bellen, zerstören ...

Gibt man dem Welpen keine Gelegenheit, das Alleinsein zu lernen, oder lässt ihn einfach unvorbereitet längere Zeit alleine zurück, ist es möglich, dass er die Angst des Verlassenseins nie richtig überwinden kann. Auch bei älteren Hunden äussert sich ihre Unsicherheit dann häufig durch Heulen, Bellen, Zerstören von Gegenständen oder Zerkratzen von Türen und Wänden, wenn sie alleine gelassen werden. Hand aufs Herz – wer kann nicht von einem Hund berichten, der ein solches Verhalten, das fälschlicherweise als Untugend angesehen wird, bei Abwesenheit der Familie zeigt? Um diese, für alle Beteiligten belastende Situation zu vermeiden, ist es äusserst wichtig, den Welpen in kleinen und seinem individuellen Reifegrad angepassten Schritten an das Alleinsein zu gewöhnen. Voraussetzung für den Beginn dieser Übung ist allerdings, dass er schon Vertrauen in den neuen Fürsorgegaranten gewonnen hat und sich daheim wohl und sicher fühlt. Das kann gut und gerne erst nach zwei Wochen sein. Beginnen Sie also erst nach einer Eingewöhnungszeit mit dem ersten Schritt!

Verknüpfungen bei Angst

Reize (z. B. Geräusche), die der Welpe in der angsterfüllten Stimmung der Verlassenheit wahrnimmt, können negativ verknüpft werden. Ein solch negativ verknüpfter Reiz kann später in anderen Situationen das Gefühl der damals erlebten Angst wieder hervorrufen. Beispiel: Der verängstigte Welpe hört Kirchenglocken läuten. Einige Monate später kommen Sie auf einem Spaziergang an einer Kirche vorbei. Gerade als die Glocken zu läuten anfangen, rennt Ihr Hund panikartig davon und verkriecht sich hinter einem Gebüsch. Wahrscheinlich erkennen Sie, dass der Welpe sich vor dem Glockengeläut fürchtet, aber den Ursprung dieser panischen Reaktion und der tiefsitzenden Angst würden Sie wohl kaum erahnen.

Ein Beispiel, wie die «Alleinsein-Übung» aussehen könnte

Der Welpe ist müde vom Spielen, dem Spaziergang oder dem Besuch der Prägungsspieltage. Sein Bäuchlein ist gesättigt und er hat es sich wohlig warm auf seinem Platz gemütlich gemacht. Vorzugsweise hält er sich in einem einzelnen, gewohnten Raum auf, anstatt Zugang zur ganzen Wohnung oder gar dem offenen Haus mit Garten zu haben. Es ist ihm wohler, wenn er den Raum von seinem Schlafplatz aus überblicken kann. Anfänglich gehen Sie bloss in ein anderes Zimmer und bleiben da für einen kurzen Moment – ist der Welpe gut eingewöhnt, wird er wahrscheinlich friedlich liegen bleiben. Wiederholen Sie diese Übung mehrmals. Im nächsten Schritt gehen Sie zur Tür hinaus, etwa um den Briefkasten zu leeren oder den Müll rauszutragen (2–3 Minuten). Bleibt der Welpe ruhig und zeigt keine erhöhte Erregung, wenn Sie zurückkommen, können Sie die Zeitspanne von Mal zu Mal etwas ausdehnen. Wiederholen Sie einzelne Übungsphasen, um eine plötzliche Überforderung zu vermeiden.

Rückkehr

Beobachten Sie immer gut, wie der Welpe sich verhält, wenn Sie weggehen, und auch bei Ihrer Rückkehr – Sie werden merken, ob er es gelassen nimmt und sich schon sicher genug fühlt, sodass Sie einen Zeitschritt weiter gehen können.

Nicht unbemerkt gehen

Vermeiden Sie es, sich davonzuschleichen, wenn es der Welpe nicht merkt. Er würde in der Zwischenzeit plötzlich überrascht feststellen, dass Sie weg sind, und könnte verzweifelt nach Ihnen zu suchen beginnen. Besser ist es, dem Welpen ein ruhiges Hör- und Sichtzeichen zum Zurückbleiben zu geben. Achten Sie darauf, dass der Welpe auf seinem Platz bleibt und Sie ihm nicht die Türe vor der Nase zudrücken müssen. Manchmal bleibt der Welpe auch besser auf seinem Platz, wenn er zur Beschäftigung einen Kauartikel erhält. Die Zeitspanne darf aber nicht der Knabberzeit angepasst werden, das Ein- und Ausgehen von Ihnen muss unabhängig davon erfolgen.

Dauer des Alleinseins

Das Alleinsein kann im Welpenalter nur angebahnt werden, sodass der Welpe erst für kurze Zeit ohne seinen Fürsorgegaranten sein kann. Es wird jedoch nicht möglich sein, den Welpen bereits innerhalb von wenigen Wochen daran zu gewöhnen, mehrere Stunden problemlos alleine zu sein. Bis zum Alter von ca. 16 Wochen (ggf. auch länger) braucht der Welpe naturgemäss eine recht intensive Betreuung durch den Fürsorgegaranten.

Bei optimalen Bedingungen wird der Welpe über diese Zeit hinaus bis ins Erwachsenenalter immer selbstständiger, gewinnt an innerer Sicherheit und reagiert weniger ängstlich in neuen Situationen. In diese Entwicklung eingepasst, kann das angstfreie Alleinsein allmählich verlängert werden.

Mindestens einen Schritt zurück gilt es zu tun, wenn:

der Welpe heult, bellt oder auch nur wimmert, Sachen klaut, Dinge zerstört, an der Türe kratzt, uriniert oder Kot absetzt, Anzeichen von Nervosität und erhöhter Erregung zeigt usw. Diese Zeichen sind ein deutlicher Hinweis darauf, dass Sie bereits einen oder mehrere Schritte zu weit gegangen sind und der Welpe während Ihrer Abwesenheit unter Verlassenheitsangst leidet. Tun Sie unbedingt den Schritt zurück, indem Sie die Zeit Ihrer Abwesenheit nochmals stark verkürzen und das Alleinsein langsam aufbauen. Noch ein Tipp: Vermeiden Sie theatralische Verabschiedungen und stürmische Begrüssungszeremonien. Auch das Alleinsein soll ja zu einer unspektakulären Sache werden.

Der erwachsene Hund

Bei allem Training sollte jedoch auch dem erwachsenen Hund nicht mehr als 4–5 Stunden Alleinsein täglich zugemutet werden – denn weder die Wohnung mit Panoramasicht noch das Haus mit riesigem Garten können das Bedürfnis nach sozialer Gemeinschaft erfüllen. Die gemeinsame Zeit muss nicht immer aktiv gestaltet sein, manchmal reicht es, wenn der vierbeinige Partner einfach mitkommen darf.

? **Mein Welpe folgt mir auf Schritt und Tritt. Darf man ihn für kurze Zeit auf seinem Platz anbinden?**
Ich habe gehört, dass andere Welpen im gleichen Alter schon 10 Minuten alleine bleiben können. Unser Welpe lässt uns jedoch keine Sekunde aus den Augen. Ist der Unterschied normal?

Das Alleinsein darf nicht erzwungen werden. Es ist sehr wichtig, dass der Welpe innerlich in der Lage ist, diese Situation zu bewältigen. Akzeptieren Sie daher auch, wenn Ihr Welpe länger braucht, sich an ein kurzfristiges Alleinsein zu gewöhnen, als Sie dies von anderen Welpenbesitzern hören. Aus verschiedenen Gründen, die von den Aufzuchtsbedingungen über rassespezifische oder individuelle Eigenschaften bis hin zur momentanen Bindungsqualität reichen, gibt es hier relativ grosse Unterschiede.

Übungssituation und Prüfstein

Bleibt der Welpe trotz aller Vorbereitungen, die in der vorangehenden Frage erläutert wurden, nicht auf seinem Platz und folgt Ihnen auf Schritt und Tritt, können Sie versuchen, seinen Aktionsradius einzuschränken. Dazu können Sie um den Liegeplatz herum eine Absperrung errichten oder, bei entsprechender Vorerfahrung, den Welpen dort anbinden. Dabei ist es jedoch sehr wichtig, dass Sie vorerst in Sichtweite bleiben, um den Welpen nicht zu verunsichern. Sie können dies beispielsweise in den Tagesablauf einbauen, möglichst in einem allgemein ruhigen Moment. Bleibt der Welpe dabei wiederholt ruhig und kann sich entspannen, können Sie für einen kurzen Moment in ein anderes Zimmer oder um die Ecke ausser Sichtweite gehen. Kommen Sie dann jedoch sogleich ganz selbstverständlich, ohne speziell auf den Welpen einzugehen, wieder zurück und widmen Sie sich etwas anderem in der Nähe des Welpen. Sollte sich der Welpe bereits bei dieser Übung aufregen, muss davon ausgegangen werden, dass die Bindung unzureichend ist und der Welpe noch nicht selbstständig genug ist, um diese Situation zu bewältigen. Die Voraussetzung für die Übung des Alleinseins ist damit noch nicht erfüllt und ein Weiterführen könnte sich kontraproduktiv auswirken.

Übergangslösung

Gelingt es, dass der Welpe mit einer der oben genannten Einrichtungen ohne Nervosität auf seinem Platz verweilt, können Sie die Zeit und Distanz zum Welpen langsam verlängern. Achten Sie darauf, dass Sie baldmöglichst auch ohne die Hilfsmittel «Absperrung» oder «Leine» auskommen. Fügen Sie dazu ein Hör- und Sichtzeichen ein, wenn Sie den Welpen auf seinen Platz bringen. Damit können Sie ihn später auffordern, auf seinen Platz zu gehen. Denn hat der Welpe einmal gelernt, dass er Ihnen, zur Aufrechterhaltung seiner Sicherheit, nicht mehr ständig folgen muss, sondern genüsslich auf seinem Platz liegen bleiben kann, ist der erste Schritt in die richtige Richtung gelungen.

? Darf der Welpe schon Treppensteigen?
Darf der Welpe rumklettern und Hindernisse erklimmen?

Damit der Bewegungsapparat optimal funktioniert, ist es wichtig, dass die Gelenke und Knochen von starken Muskeln und Bändern getragen werden. Diese können sich nur durch angemessene Herausforderung richtig entwickeln. Um Hindernisse zu bewältigen, bedarf es der entsprechenden motorischen Fähigkeit und körperlichen Verfassung. Lässt man den Welpen z. B. keine Treppen gehen, so kann es sein, dass er auch später keine Treppen gehen mag – nicht weil er es motorisch nicht kann, sondern weil ihn die Angst davor hemmt.

Üben von Treppen und anderen Hindernissen

Lassen Sie Ihren Welpen eine Treppe erklimmen und auch mal hinuntergehen, aber langsam und nicht 10 x am Tag und auch nicht vom 10. Stock des Hauses nach unten und wieder hoch. Sondern «in gesunden Massen» – das hängt von der Länge der Treppe, von der Häufigkeit des Rauf- und Runtergehens, dem Tempo und der Entwicklung des Welpen ab. Das Sammeln von verschiedenen Treppenerfahrungen ist sehr wichtig, da es viele verschiedene Treppenarten gibt: Parkett- und Steintreppen, die rutschig sein können, Treppen, die «offen» sind zwischen den Tritten, oder solche, die aus Gitter geschaffen sind. Treppen, welche eine Durchsicht ermöglichen, können eine besondere Schwierigkeit darstellen. Der Welpe kann in die Tiefe sehen (sofern seine Wahrnehmung ausreichend gereift ist) und soll dennoch mit den Pfoten weitertreten.

Zur Reifung des Organismus gehört auch der Muskelaufbau. In gesunden Massen soll deshalb dem Welpen das Rumklettern oder Treppensteigen erlaubt werden.

Animation – nur wenn nötig

Nehmen Sie sich Zeit und üben Sie mit Ihrem Welpen Treppen- und andere Hindernissituationen. Achten Sie bei der Auswahl der Situationen darauf, dass sie der inneren Reife und der Erfahrung Ihres Welpen angepasst sind und er die Hindernisse aus eigenem Antrieb meistern kann – also ohne Ihre tatkräftige Mithilfe. Entsteht trotzdem einmal ein Problem, das der Welpe nicht alleine lösen kann, können Sie massvoll helfen, den Weg zu finden. Vergessen Sie deshalb nicht, immer ein Spielzeug mit dabeizuhaben, das Sie gegebenenfalls zur Motivation einsetzen können. Wenn Sie den Welpen animieren, soll er jedoch nicht blindlings dem Spielzeug oder Ihrer Hand folgen, denn dabei würde er sich kaum mehr auf die eigentliche Übung konzentrieren. Aus diesem Grund ist in solchen Situationen die Verwendung von Futter nicht empfehlenswert. Aber auch die anderen Hilfsmittel sollen als Antrieb massvoll eingesetzt werden und zum richtigen Zeitpunkt unauffällig verschwinden. Wenn man sich selbst so konzentriert, kann aufmunterndes Zusprechen das Aufkommen einer stillen, geheimnisvollen «Krimistimmung» verhindern. Als Belohnung für die er-

folgreich bewältigte Situation dient dann vor allem die gemeinsame Freude, die beispielsweise in einem ausgelassenen Spiel Ausdruck finden kann.
⇒ *Siehe auch «Animieren – Motivieren – Loben», Seite 16*

**? Warum steht der Welpe an allen Leuten hoch?
Warum leckt der Welpe uns im Gesicht?**

Die Welpen stupsen und lecken die Mundwinkel der erwachsenen Tiere, um beispielsweise nach Futter zu betteln, deren Gunst zu erwerben, sie zu beschwichtigen und auch um Unterordnung und Zuneigung auszudrücken. Dies wird häufig zu einem Begrüssungsritual mit vielschichtiger Aussagekraft. Diese tief verankerte Verhaltensweise wird auf uns Menschen übertragen. Der Welpe versucht intensiv an unser Gesicht zu gelangen, um uns herzhaft zu begrüssen. Weil unser Gesicht so weit oben ist, steht der Welpe dazu an uns hoch. Stellt man dem Welpen diese Art von Kommunikation gänzlich ab, nimmt man ihm einen sehr grossen und wichtigen Teil seiner Ausdrucksmöglichkeiten.
⇒ *Siehe auch «Basiswissen», Seite 12*

Schmutzige Pfoten

Ein hochstehender, schmutziger, schlabbernder erwachsener Hund ist jedoch kaum eine grosse Freude für jedermann. Es ist daher von allgemeinem Interesse, den Welpen daran zu gewöhnen, uns auf allen vier Pfoten zu begrüssen, und ihm, anstelle unserer Mundwinkel, eine Alternative zu bieten.

Eine menschen- und hundegerechte Lösung könnte folgendermassen aussehen:

Den hochstehenden Welpen geduldig, aber konsequent auf alle vier Pfoten zurückstellen und zur Begrüssung in Hocke gehen. Um das fröhliche Stupsen und Lecken entgegenzunehmen, kann die Hand als Mundwinkelersatz dargeboten werden. Die Begrüssungsfreude sollte dabei vom Menschen nicht überschwänglich verstärkt werden. Eine ruhige, angemessene Kontaktaufnahme genügt. Natürlich mögen auch dies nicht alle Leute. Vielleicht hilft es jedoch, zu wissen, dass der erwachsene Hund mit dieser Verhaltensweise meistens zurückhaltender wird.

Übererregung bei der Begrüssung

Bleibt beim Welpen das Begrüssungslecken (gegenüber Menschen oder anderen Hunden) in extremem Mass längere Zeit bestehen, könnte es auch ein Hinweis darauf sein, dass der Welpe in der bestehenden Situation sehr angespannt ist und daher übererregt diese Form des Leckens eventuell in Kombination mit anderen Verhaltensweisen (winseln, urinieren, starkes Schwanzwedeln usw.) zeigt. Wenn dies der Fall ist, sollten Sie die Lage entspannen, indem Sie den Welpen ablenken oder den Situationsablauf verändern. Tun Sie dies beim nächsten Mal, bevor der Welpe zu stark in diese Verhaltensweisen verfällt. Achten Sie und die Familienmitglieder bei der Begrüssung darauf, selbst ruhig zu bleiben und nach der Kontaktaufnahme aufzustehen und den weiteren Beschäftigungen nachzugehen. Achtung, von strafen ist abzusehen, da es die Erregung und den inneren Konflikt wahrscheinlich verstärken würde. Tritt die Übererregung vor allem nach dem Alleinelassen auf, kann es ein Hinweis darauf sein, dass der Welpe mit dem Alleinsein noch überfordert ist und man dies mit ihm in kleinen Schritten üben muss.

⇒ *Siehe auch «Wie kann man den Welpen ans Alleinsein gewöhnen?», Seite 72*

Gehen Sie in die Hocke, um den Welpen zu begrüssen.

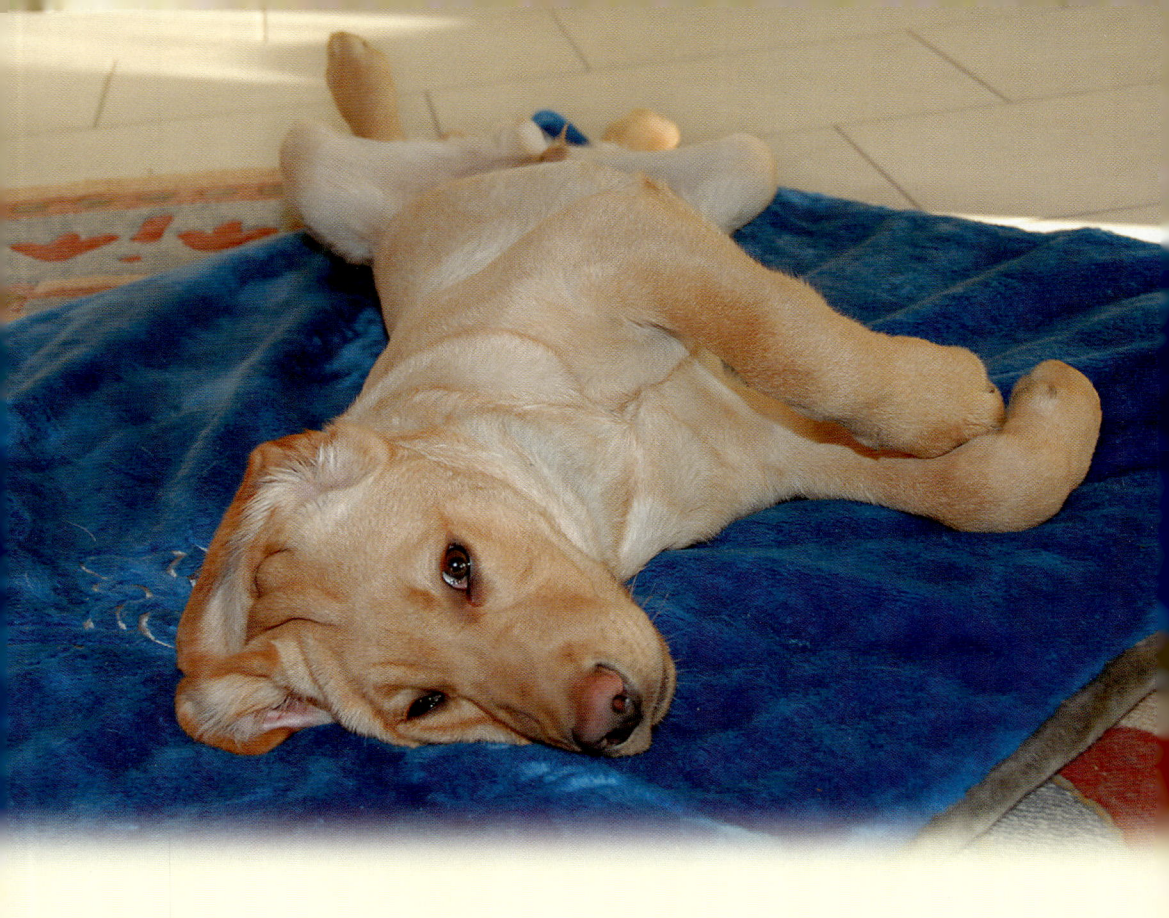

Der Schlaf- und Ruheplatz

Das natürliche Bedürfnis nach Geborgenheit, Sicherheit und Nestwärme wurde dem Welpen beim Kontaktliegen mit den Wurfgeschwistern und der Mutterhündin erfüllt. Am Tag der Übernahme des Welpen wird ihm diese vertraute Gesellschaft genommen. Um dieses Urvertrauen wieder zu finden, braucht er nun dringend die Fürsorge und Nähe seiner neuen Lebensgemeinschaft und eine Person, die sich als Fürsorgegarant (Ersatz für die Mutterhündin) um den Welpen kümmert. Dazu gehört mitunter, dass man den Welpen auch nachts nicht sich selbst überlässt. Alleine zu sein macht einem Welpen grundsätzlich Angst, diese wird durch die Dunkelheit noch verstärkt. Ein Jungtier, das in der Natur allein übernachten müsste, hätte kaum gute Überlebenschancen.

Der Schlaf- und Ruheplatz

? **Wie kann man den Welpen daran gewöhnen, auf «seinem Platz» zu schlafen?**
Wir möchten den Welpen nachts nicht immer im Schlafzimmer haben. Wie gewöhnen wir ihn daran, dort zu schlafen, wo er auch später ruhen soll?

Alles in allem kann es mehrere Wochen dauern, bis der Welpe abseits von Ihnen ruhige Nächte auf seinem Schlafplatz verbringen kann. Denn dazu muss er innerlich erst reifer und sicherer werden. Gehen Sie es daher – parallel zur Entwicklung – schrittweise an.

Der Schlafplatz

Stellen Sie anfänglich das Hundebett neben Ihr Bett oder verlagern Sie Ihren eigenen Schlafplatz (mittels Feldliege o. Ä.) neben den Platz Ihres Welpen. So kann er Ihre Nähe spüren, oder wenn er danach sucht, können Sie zu erkennen geben, dass Sie da sind. Dieses Gefühl versichern Sie ihm, indem Sie ihn kurz ansprechen oder den Welpen mit Ihrer Hand Kontakt aufnehmen lassen. Diese emotionale Sicherheit braucht er in der ersten Zeit unbedingt. Es soll jedoch nicht so weit kommen, dass der Welpe zu Ihnen ins Bett oder auf die Feldliege kriecht ...

Vertraute Atmosphäre

Wer möchte, kann dem Welpen zudem ein Stoffstück, das noch nach den Geschwistern und der Mutterhündin riecht, ins Hundebett legen. Es ist

Damit Ihr Welpe ruhig schlafen kann, sollten Sie ihm ein ähnlich wohliges und vertrautes Gefühl vermitteln, wie es in der Wurfgemeinschaft der Fall war.

durchaus möglich, dass der vertraute Geruch das Gefühl der Geborgenheit und Wärme von früher wieder hervorruft und den Welpen wohlig einschlafen lässt.

Bemerken, wenn der Welpe sich versäubern muss

Auf jeden Fall aber hat der Welpe das Bedürfnis, in Ihrer Nähe zu schlafen, und auch Ihnen dürfte es ein Anliegen sein, in der Nähe Ihres Welpen zu nächtigen. Denn nur so können Sie ihn «im Ohr» behalten und nach draussen gehen, wenn er sich versäubern muss, was anfänglich durchaus einige Male pro Nacht der Fall sein kann. Damit Ihr Welpe sich nicht unbemerkt von seinem Schlafplatz begibt, können Sie eine provisorische Absperrung um seinen Schlafplatz erstellen (Kartonschachtel oder Ähnliches). Nun wird er sich höchstwahrscheinlich bemerkbar machen (wimmern, bellen, scharren oder ähnlich), wenn er raus muss, da er sein eigenes Nest nicht beschmutzen möchte, und Sie können sofort reagieren.

Wenn der Welpe den eigenen Schlafplatz verunreinigt

Leider kann es sein, dass Ihr Welpe ins eigene Schlaflager macht. Er kann gesundheitlich bedingt eine Blasenschwäche haben, was selbstverständlich vom Tierarzt untersucht und behandelt werden muss. Das Verhalten kommt aber auch bei Welpen vor, die aus sehr schlechten, tierschutzrelevanten Aufzuchtsverhältnissen kommen. Beispielsweise, weil sie die Wurfkiste nicht selbstständig verlassen konnten und sich dort versäubern mussten. Dadurch entstand ein unnatürliches Verhalten. Diese Verhaltensstörung zu therapieren verlangt sehr viel Geduld und Toleranz. Wenn dies der Fall ist, hilft nur, immer ein offenes Ohr für unübliche Geräusche zu haben, die Ihnen signalisieren, dass der Welpe aufgewacht ist. Prüfen Sie dann gleich, wie die Lage aussieht. Im Zweifelsfall lieber einmal mehr rausgehen, damit unangenehme Zwischenfälle möglichst selten passieren und sich der Welpe umgewöhnen kann. Loben Sie den Welpen, wenn er richtig reagiert, bestrafen Sie ihn aber keinesfalls, wenn er sein Bett verschmutzt. Beweisen Sie Geduld, eine Besserung wird nicht von heute auf morgen eintreten.

Schrittweise auseinanderrücken

Hat der Welpe Vertrauen in das neue Umfeld (Familie und Umgebung) gefasst und sich an Ihren Tagesablauf gewöhnt, dann werden die Nächte entsprechend ruhig verlaufen. Nun können Sie damit beginnen, das Hundebett oder eben Ihre Feldliege immer ein Stück weiter wegzurücken, bis der Welpe am Schluss am gewünschten Platz schläft, oder Sie wieder in Ihrem Bett.

Sollte der Welpe auf das Wegrücken hin sein Hundebett verlassen und es stattdessen bevorzugen, neben Ihrem Bett auf dem Boden zu liegen, dann versuchen Sie ihn wieder an seinen Platz zu verweisen. Andernfalls wird es dem Welpen meistens nach zwei, drei Nächten zu unbequem am Boden und er wird von selbst sein nahe liegendes Hundebett aufsuchen. (Dieses nicht zu weit wegstellen und natürlich den Boden neben Ihrem Bett nicht speziell angenehm gestalten!)

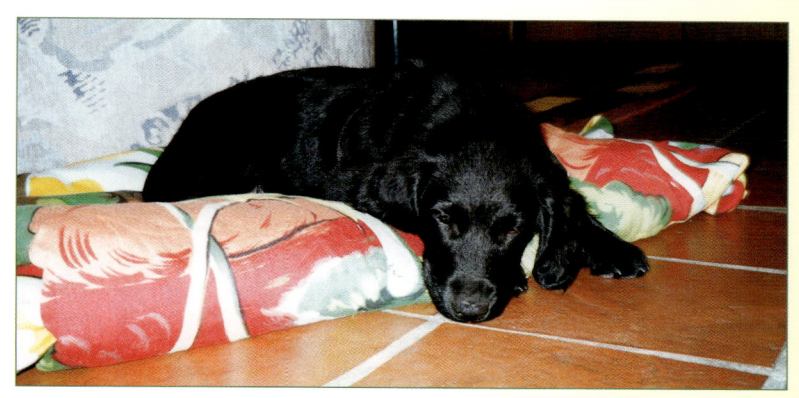

Welpen haben das natürliche Bedürfnis, in der Nähe ihres Fürsorgegaranten zu schlafen.

Natürliche Reife

Das stückweise voneinander Wegrücken entspricht der natürlichen, inneren Entwicklung des Hundes: vom schutzbedürftigen Welpen, der auf die Nähe und den Schutz der Mutterhündin angewiesen ist, hin zum sicheren Junghund, der ganz gut im nahen Umfeld des Rudels ruhen kann. Mit dem Unterschied, dass Sie bei Ihrem Welpen die Lernschritte einteilen und er nicht frei nach seinen Bedürfnissen agieren kann. Gehen Sie daher feinfühlig auf den Welpen ein, ohne dabei die Ziele aus den Augen zu verlieren.

Knurren und Schnappen vom Platz aus

Von seinem Platz aus darf der Welpe jedoch niemanden anknurren oder sogar packen. Zeigt ein Welpe dieses Verhalten, sollten Sie versuchen, die Gesamtsituation zu erfassen. Hat der Welpe sich erschreckt oder vor der sich nähernden Person oder deren ungewöhnlichen Gestik geängstigt? In diesen Fällen darf der Welpe nicht diszipliniert werden. Dies würde die Angst und damit das aggressive Verhalten verstärken! Geben Sie, beziehungsweise die betroffene Person, dem Welpen die Gelegenheit sich zu nähern und Kontakt aufzunehmen. Damit kann er seine Unsicherheit überwinden und erkennen, dass keine Gefahr droht. Nur, wenn der Aggression keine Angst, Schmerz oder Unwohlsein zugrunde liegt, sondern die Verteidigung eines Gegenstandes oder des Schlafplatzes der Grund für das aggressive Verhalten ist, sollte der Welpe vom Fürsorgegaranten sofort diszipliniert werden. Hier geht es um die Klarstellung der Rangordnung. Versäumen Sie es nicht, dem Welpen klar und verständlich zu zeigen, was erwünscht, aber auch was unerwünscht ist.

Ein gemütlicher Ruheplatz

Richten Sie auch tagsüber einen Liegeplatz für den Welpen ein. Dabei soll er an einem ruhigen Ort im Wohnbereich liegen, aber dennoch das Geschehen um ihn herum verfolgen können. Achten Sie auch darauf, dass an diesem Platz keine Zugluft durchströmt, gerade in der Nähe von Eingangstüren und Balkontüren ist dies häufig der Fall. Dies ist auch für Welpen mit viel Fell fast genauso ungesund wie für uns. Ob es der Welpe nun eher kühl mag und direkt auf dem Boden liegt oder ob er eine warme Decke bevorzugt, hängt ganz von seiner Fellbeschaffenheit und Vorliebe ab. Achtung, auch Wasserleitungen oder für uns unhörbare Frequenzen können einen Ruheplatz für den Welpen unangenehm machen und er wird ihn daher meiden. Alles in allem werden Sie bald herausfinden, wo und wie der Welpe gerne ruht ... nur auf dem Sofa sollte er sich nicht einrichten, da die besten Plätze den Ranghöheren gehören sollen. Setzen Sie sich zum genüsslichen, vertrauten Fellkraulen und Bäuchlein massieren dafür öfters zu Ihrem Welpen auf den Liegeplatz, dann stimmt es für alle!

Wo und wie der Welpe am liebsten ruht, finden Sie bald heraus ... es soll auf jeden Fall ein Platz sein, an dem er die Seele baumeln lassen kann.

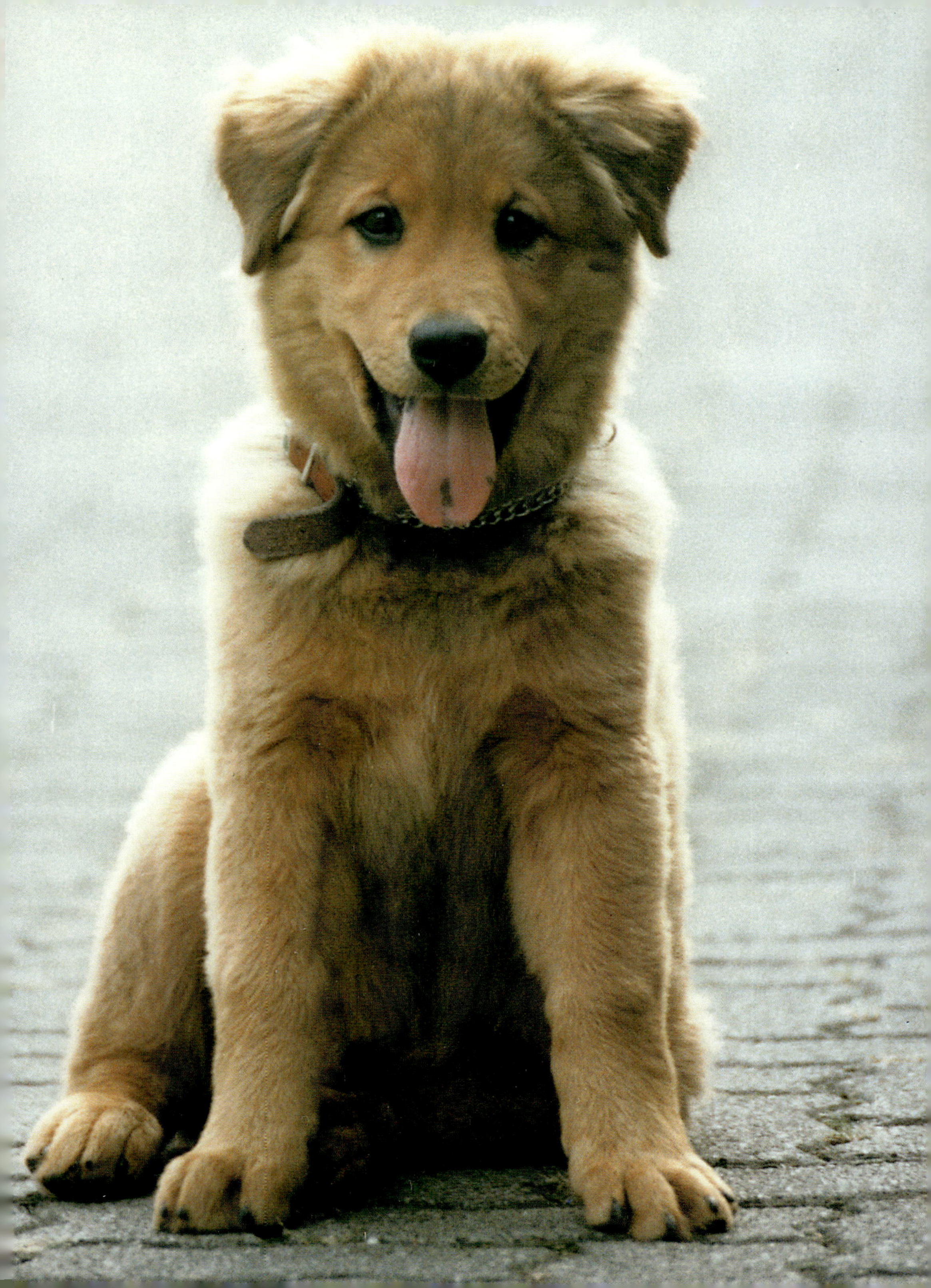

Transportbox:
Gewöhnung und Verwendungsmöglichkeiten

Transportbox

? **Worauf ist beim Kauf einer Transportbox zu achten?**
Wie gross sollte eine Transportbox sein?
Wie kann man den Welpen an die Transportbox gewöhnen?

Richtig angewendet, kann eine Transportbox beispielsweise als Platz im Auto oder als Liegeplatz für unterwegs (Hotel, Hundesport usw.) eingesetzt werden. Der Welpe muss sich aber ungezwungen bei offenem Türchen an das Verweilen in der Box gewöhnen können. Das Schliessen der Türe bedeutet auch, alleine zu sein ein Schritt, der in mehreren kleinen Teilschritten eingeübt werden muss.

Grösse, Einrichtung und Sicherheit

Beim Kauf sollten Sie darauf achten, dass die Box Ihrem Hund in ausgewachsener Grösse die Möglichkeit bietet, aufzustehen, sich zu drehen und angenehm zu liegen. Sie darf keinesfalls zu klein gewählt werden. Speziell beim Gebrauch im Auto ist es aber auch nicht sinnvoll, eine Übergrösse zu nehmen, denn darin fände der Hund keinen Halt, wenn es um die Kurve geht. Der Hersteller und die Berater in Fachgeschäften können Ihnen bei der Grössenauswahl, den Sicherheitsaspekten und den Eigenschaften der verschiedenen Modelle wichtige Informationen geben. Legen Sie eine Decke oder ein Kissen auf den Boden der Box, um den Liegekomfort zu erhöhen. Decken mit rutschfesten Unterlagen sind dazu sehr geeignet. Für den Welpen ist die Box natürlich meist noch etwas gross. Es empfiehlt sich daher, den Platz mittels einer Schaumgummirolle, eines Kissens oder ähnlich zu begrenzen. (Keine harten Gegenstände verwenden, die dem Welpen entgegenrutschen könnten.) Damit die Transportbox auch in Ihr Auto passt, nehmen Sie dieses am besten gleich mit zur Verkaufsstelle, um die Passformen auszuprobieren.

Eingewöhnung bei der Aufzucht

Bevor man die Box für Transportzwecke oder als Liegeplatz im Hotel verwenden kann, muss der Welpe über längere Zeit schrittweise an das Verweilen darin gewöhnt werden. Zuerst einmal ganz ohne das Türchen zu schliessen. Wenn die Möglichkeit besteht, kann die offene Box bei der Aufzucht aufgestellt werden. Die Welpen haben dabei die Gelegenheit, diese spielerisch zu erkunden. Vielleicht dient die Box sogar als angenehmer Schattenspender, als geschützter Ruheplatz oder als Höhle, in der ein Welpe den «erbeuteten» Büffelhautknochen knabbern kann.

Transportbox

Eingewöhnung bei Ihnen

Zu Hause sollte die Angewöhnung ebenso ungezwungen geschehen. Falls vorhanden, können Sie das Stoffstück, das den Geruch von den Wurfgeschwistern und der Mutterhündin trägt, in die Box legen. Richten Sie die Box in jedem Fall gemütlich ein, und zeigen Sie Ihrem Welpen diesen Ruheplatz, wenn er müde ist. Zwingen Sie ihn aber nicht, in die Box hineinzugehen. Erkunden Sie diese spielerisch zusammen mit dem Welpen. (Bei manchen Boxen kann dazu der obere Teil abgenommen werden oder eine hintere Sicherheitstüre zusätzlich geöffnet werden.) Lassen Sie das Türchen (bei Möglichkeit beide Türchen) die ganze Zeit über offen, damit der Welpe die Gelegenheit hat, die Box auch selbstständig zu inspizieren. Belohnen Sie den Welpen, indem Sie sich ihm zuwenden, wenn er sich in der Box befindet, und bleiben Sie am Anfang daneben sitzen, wenn er sich hineinlegt. Schliessen Sie das Türchen jedoch nicht gleich. Der Welpe könnte Sie daraufhin aus den Augen verlieren und sich ängstigen. Damit wäre seine positive Stimmung in der Box vorbei und negative Verknüpfungen könnten sich einschleichen.

Eine Box ist kein «Aufbewahrungsort» für Hunde.
Richtig angewandt jedoch, bietet sie dem Hund unterwegs eine sichere und wohlige Unterkunft.

Türe schliessen ist ein separater Schritt

Zieht sich der Welpe zum Ruhen oder zum Fressen eines Kauartikels schon von selbst in die Box zurück, können Sie für kurze Zeit das Türchen schliessen. Anfänglich eine Minute, dann zwei, dann drei usw. Bleiben Sie dabei aber vorerst in Sichtweite. Die Box darf erst länger geschlossen bleiben, wenn der Welpe Ihnen auch sonst nicht mehr unbedingt auf Schritt und Tritt folgt. Denn alleine in der Box zu bleiben, ohne den Fürsorgegaranten zu sehen und mit ihm Kontakt aufnehmen zu können, bedeutet für den Welpen dasselbe, wie allein gelassen zu werden.
⇒ Siehe auch «Alleinsein – Vermeiden von Verlassenheitsangst», Seite 13

Der Platz im Auto

Wenn sich der Welpe in der Box so weit wohl fühlt und ruhig in der Box bleiben kann, wenn die Türe geschlossen wird, ist der Moment gekommen, bei dem die Transportbox ins Auto montiert und dort als sicherer Platz für Ihren Welpen dienen kann.

Die Verwendung einer Transportbox bietet einige Vorteile. Doch muss darauf geachtet werden, dass beim Welpen keine Verlassenheitsangst aufkommt, wenn das Türchen geschlossen wird und er Sie aus den Augen verliert. Wird dies in kleinen Schritten geübt, lernt der Welpe, dass er sich nicht zu fürchten braucht, und kann die Box als gemütlichen Ruheplatz annehmen. Zeichen wie Heulen, Wimmern, Zerstören von Gegenständen oder Kratz- und Nagespuren deuten auf Unwohlsein und Angst hin und müssen dringend ernst genommen werden.

... durch den Magen

Manchmal zeigt der Welpe rund ums Fressen Verhaltensweisen, die Ihnen Sorgen bereiten. In diesem Kapitel werden dazu zwei Themen behandelt. Zum einen die häufige Beobachtung, dass viele Welpen einen richtigen Energieschub zu haben scheinen, kaum haben sie eine Portion Futter im Magen. Zum anderen die Tatsache, die Sie wahrscheinlich bis in die kleine Zehenspitze frieren lässt: «Die vielen unappetitlichen oder auch ungesunden Dinge, die der Welpe aufstöbert und die dann plötzlich in seinen Magen verschwinden!»

? Unser Welpe hüpft nach dem Fressen fröhlich herum und ist in Spiellaune. Jetzt hat man mir aber gesagt, dass nach der Fütterung mindestens eine Stunde Ruhepause gemacht werden sollte, um die Gefahr einer Magendrehung möglichst klein zu halten. Was sollen wir tun?

Viele Welpen neigen dazu, nach dem Fressen so richtig aufgedreht zu werden und voller Energie und Spiellust herumzutollen. Es ist jedoch empfehlenswert, dem Hund nach dem Fressen eine längere Ruhepause einzuräumen und die Tagesration des Futters in 2–3 Portionen aufzuteilen. Man nimmt an, dass allgemein nach dem Fressen einer grossen Portion Futter und beim Herumrennen mit vollem Magen ein erhöhtes Risiko für die gefürchtete Magendrehung besteht.

Dazu ist allerdings zu sagen, dass es nicht 100%ig geklärt ist, warum eine Magendrehung entsteht, und wie (oder ob) man es verhindern kann. In jedem Fall ist es aber ein lebensbedrohlicher Notfall, bei dem sofort der Tierarzt benachrichtigt und aufgesucht werden muss! Häufigste Symptome einer Magendrehung:
- Unruhe, Hecheln, nicht hinlegen (oder immer wieder aufstehen)
- Aufgeblähter Magen (hinter dem Rippenbogen spürbar)
- Erfolglose Versuche zu erbrechen
- Schmerzen, die beim Drücken auf den Bauch zunehmen
- Herauswürgen von Schaum
- Schlechter Allgemeinzustand
- Blasse, bläulich gefärbte Schleimhäute

Ersatzhandlung

Herumtollen – eine Ersatzhandlung, um die überschüssige Energie, die eigentlich für die Nahrungsaufnahme vorgesehen ist, abzubauen. Ein wildlebender erwachsener Wolf müsste erst auf die Jagd gehen, Beute machen und sich danach im Rudel für den besten Happen durchsetzen. Anschliessend müsste das Fressen mühsam auseinandergerissen, abgenagt und in kleinen, mehr oder weniger zähen Bissen gekaut und verdaut werden. Eine Prozedur von zeitfüllender und anstrengender Arbeit. Danach wäre das Tier müde und würde sich nach Möglichkeit einen Verdauungsschlaf gönnen.

Fast Food für Hunde

Kein Vergleich mehr zur Anstrengung, die seine häuslichen Nachfahren unternehmen müssen, um sich zu ernähren! Die meisten Haushunde erhalten fixfertige Nahrung, die in weniger als 5 Minuten und mit nur wenigen Kaubewegungen verschlungen werden kann. Kein Wunder also, wenn dieses extrem abgekürzte Verfahren zu einem Energieüberschuss und auch häufig zu einem anfänglichen Fortbestehen des Hungers und damit zur Neigung zu viel zu fressen führt.

Angewöhnung eines gesunden Rhythmus

Schauen Sie darauf, dass der Welpe sich vor dem Fressen ausreichend bewegen und versäubern kann. Bei der anschliessenden Fütterung können Sie die erhöhte Aufmerksamkeit des Welpen nutzen und die Übung «Sitz» und die Rangordnungsprüfung, bei der man das Futter dem Welpen in Ruhe nochmals wegnimmt und wieder hinstellt, einflechten. Selbstverständlich sollte dabei keine Hektik aufkommen, da der Welpe bei Ihnen das Futter nicht so herunterzuschlingen braucht, wie das beim Konkurrenzkampf mit den Wurfgeschwistern der Fall sein könnte.

⇒ *Siehe auch «Wie kann die Übung ‹Sitz› in den Alltag eingebaut werden?», Seite 161*

Mit dem Kauartikel kann sich der Welpe nach dem Fressen noch eine Weile beschäftigen. Vergessen Sie aber trotzdem nicht, dass er sich zuvor wahrscheinlich versäubern muss.

Kurze Zeit, nachdem der Welpe gefüttert wurde, wird er sich wahrscheinlich nochmals versäubern müssen. Dies soll aber nicht mehr mit einem Spaziergang oder einem Spiel gekoppelt werden, sondern nur noch der «Verrichtung der Dinge» dienen. Anschliessend kann man die Ruhephase mit einem Kauartikel einleiten, den man bei der Berechnung der Futtermenge miteinbezogen hat. Damit ist der Welpe auf seinem Platz noch eine Weile beschäftigt und ruht sich danach vielleicht sogar zufrieden aus. Wasser sollte auch in dieser Zeit in Reichweite bereitstehen. Damit diese Ruhe einkehren kann, sollte auch im Umfeld des Welpen während dieser Zeit kein Trubel herrschen. Hält man diesen Bewegungs- und Fütterungsablauf im Wesentlichen immer gleich, wird sich der Welpe mit der Zeit daran gewöhnen, dass nach dem Fressen eine Ruhepause folgt.

Alternative Fütterungsmöglichkeiten

Es würde den Rahmen sprengen, hier Fütterungsarten aufzuzählen, die eher der natürlichen Ernährung entsprechen als das Füttern von Fertignahrung. Das Zusammenstellen und Zubereiten einer vollwertigen Ernährung für Ihren Welpen ist eine sehr komplexe Angelegenheit. Wenn Sie sich dafür interessieren, sollten Sie sich bei entsprechend erfahrenen Personen und durch spezifische Fachliteratur gründlich informieren.

? Der Welpe frisst alles und bevorzugt speziell das «besonders Eklige». Was können wir dagegen tun? Wie können wir verhindern, dass der Welpe Löcher gräbt und Schlammbäder nimmt?

Das heute meistgefütterte, trockene oder nasse Hundefutter enthält alle nötigen Nährstoffe, ist supersauber und riecht so gut, dass wir es neben die Cornflakes in den Küchenschrank stellen könnten. Die geschmacklichen Vorlieben und das Kaubedürfnis des Welpen werden damit jedoch nicht abgedeckt. Der Welpe sucht den Ausgleich in allerlei «duften» Dingen, die er draussen findet. Das reicht von Katzenkot über trockene Schnecken bis zu toten Mäusen. Um dieses Bedürfnis etwas kontrollierter abzudecken, können Sie Ihrem Welpen ab und zu etwas «Stinkiges» zu fressen geben. Dazu eignen sich Pansen, getrocknete Fische und weitere, möglichst naturalbelassene Artikel, die in Fachgeschäften oder beim Tierarzt erhältlich sind. Mit einigen Kauartikeln kann sich der Welpe richtig lang beschäftigen und das Nagen und Kauen hilft dabei beim Durchbrechen der Zähne gleich mit. Entfernen Sie jedoch kleine, glibberige Stücke, an denen sich der Welpe verschlucken könnte, frühzeitig und achten Sie darauf, dass Ihr Welpe die Nahrungsmittel verträgt und nicht etwa Durchfall oder Verstopfung davon bekommt. Auch diese Zwischenmahlzeiten sollten bei der regulären Fütterung wieder eingespart werden, damit der Welpe nicht zu dick wird.

Fertigfutter: kleine Menge genügt, alle Nährstoffe enthalten, praktisch aufzubewahren, moderater Geruch und schnell runterschlingbar ... aber Welpen fressen gerne stinkige Dinge und auch mal was zum richtig kauen, gerade weil beim normalen Hundefutter diese Anteile fehlen!

Erkundungsverhalten

Trotz allem wird Ihr Welpe aus Neugierde alles Unbekannte weiterhin mit Nase und Fang erkunden. So wie wir vieles in die Hand nehmen (als Kind auch in den Mund), um es genauer inspizieren zu können, ist das Beschnuppern und Kosten beim Welpen ein Teil des natürlichen Erkundungsverhaltens und ein wichtiger Aspekt zur Einordnung der Umwelt. Stark duftende Sachen wirken zudem anziehend und gerne wälzen sich die Hunde auch darauf.

Schlammbäder und unerwünschte Verhaltensweisen

Einige Welpen entwickeln eine ausgesprochene Vorliebe für Schlammbäder oder das Graben von tiefen Löchern. Sie haben sich entschieden, dass

... durch den Magen

Überall die Nase reinstrecken und die ganz besonders interessanten Sachen in den Fang nehmen gehört zum natürlichen Erkundungsverhalten.

der Welpe draussen nichts aufnehmen darf, keine Löcher graben oder das Baden im Schlamm unterlassen soll. Das konsequente Durchsetzen dieser Gebote liegt nun in Ihrer Hand. Einfacher gesagt als getan ... nehmen wir an, Ihr Welpe hat gerade ein Stück Katzenkot aufgespürt. Sie sehen es und rufen von weitem «Pfui!» und während Sie auf den Welpen zurennen, hat dieser das feine Ding – schwups – schon runtergeschluckt! Wie Sie besser reagieren können, lesen Sie in den folgenden Abschnitten:

Das Abgewöhnen unerwünschter Verhaltensweisen

Am praktischen Beispiel auf dem Spaziergang
Um dem Welpen klarzumachen, dass er draussen nichts aufnehmen darf, sollten Sie sich das Rufen von weitem verkneifen und gemütlich weiterspazieren, als hätten Sie nichts gesehen. Sobald Sie auf Höhe des Welpen sind, überraschen Sie diesen, indem Sie ihm blitzschnell über den Fang greifen oder ihn am (Nacken-)Fell packen und das eklige Ding aus seinem Maul entfernen. Während der Disziplinierung können Sie «Pfui!» mit ärgerlicher, ernster Stimme rufen. In diesem Moment kann der Welpe das Hörzeichen richtig verknüpfen. Die Bestimmtheit in Ihrer Stimme und Ihrem Auftreten verdeutlichen ihm die Wichtigkeit (es könnte ja auch gefährlich sein) der Situation. Am wichtigsten ist das Überraschungsmoment, das unmittelbare Erwischen bei der unerwünschten Tätigkeit und Ihre bestimmte «Nein-Stimmung». Das Ziel ist es, dass der Welpe fortan ähnliche Situationen meidet oder sofort auf Ihre Intervention mittels Hörzeichen reagiert.

Nicht verweilen

Bleiben Sie nicht bei dem für den Welpen möglicherweise noch immer spannenden Objekt stehen. Gehen Sie möglichst zügig weiter und animieren Sie dabei den Welpen mit netter Stimme und dem Einsatz eines interessanten Spielzeuges (das kann auch ein eben gefundenes Stöckchen oder Laubblatt sein) mitzukommen. Ansonsten kann es passieren, dass der Welpe, überwältigt von seiner Neugierde, erneut mit der unerwünschten Tätigkeit beginnt. Klappt dies nicht, weil der Welpe es

Welpen untersuchen oder fressen auch Dinge, die uns ekeln oder gefährlich sind. Es ist daher nötig, das Verhalten frühzeitig in geeignete Bahnen zu lenken.

doch nochmals versucht, verdeutlichen Sie Ihre Meinung sofort ein weiteres Mal, indem Sie den Welpen wie oben beschrieben schimpfen. Konnte dies einmal (ggf. mehrere Male) ernsthaft, mit möglichst starker emotionaler Beteiligung, durchgeführt werden, dürfte der Sinn des Hörzeichens verknüpft worden sein und in vielen Fällen sinngemäss eingesetzt werden können.

Bieten Sie dem Welpen aber auch Alternativen für diese Aktivitäten!
- Der Welpe darf nichts aufnehmen – dafür haben Sie etwas im Hosensack, mit dem er spielen darf.
- Er darf keine Schlammbäder nehmen – dafür bieten Sie ihm öfter ein Bad im seichten See oder dem Bächlein an.

Lockvogel auslegen

Die zuvor beschriebene Situation kann natürlich auch gestellt werden, indem man etwas auslegt und absichtlich daran vorbeispaziert. Man hat dabei den Vorteil, dass man weiss, wo sich der Lockvogel befindet, und kann damit präziser reagieren. Allerdings muss dazu gesagt werden, dass es sehr wichtig ist, den Ernst der Übung so weit wie möglich gefühlsmässig zu vermitteln. Geschieht dies nicht, dürfte die Übung ihren Zweck wahrscheinlich verfehlen. Wer sich vorstellen kann, dass der erzieherische Aspekt in der gestellten Situation genauso wichtig ist wie im Alltag, kann durchaus ernsthaft und damit wirksam einem Problemverhalten vorbeugen oder Einhalt bieten. Der Welpe weiss schliesslich nicht, dass es «nur» eine Übung ist. Manchmal hilft es, sich vorzustellen, das Ausgelegte sei giftig und damit für den Welpen gefährlich (obwohl es selbstverständlich etwas Harmloses ist).

Beispiel einer gestellten Situation

Man möchte dem Welpen das Hörzeichen «Pfui» lehren, damit er Dinge liegen lässt, wenn man ihn dazu anhält. Legen Sie oder eine Hilfsperson einen etwa faustgrossen Happen von etwas Essbarem aus (z. B. ein Stück von einem Sandwich). Spazieren Sie dann mit Ihrem Welpen angeleint dort vorbei. Da Sie wissen, wo sich der ausgelegte Happen befindet, können Sie bereits in der Nähe des Welpen sein und ihn zusammen mit dem Hörzeichen «Pfui» disziplinieren, sobald er den Lockvogel aufnehmen möchte. Es ist wichtig, dass Sie genau in dem Moment blitzschnell reagieren. Der Welpe soll sich ertappt fühlen und er darf den Lockvogel nicht erwischen. Bleiben Sie dann nicht stehen, sondern achten Sie darauf, dass Sie den Welpen sogleich animieren, mit Ihnen weiterzugehen.
⇒ *Siehe auch «Disziplinieren – Zurechtweisen», Seite 21*

Dem Welpen das Leben zutrauen

Man muss sich schon ein Herz fassen, den Welpen draussen das erste Mal frei laufen zu lassen. Ihm auf dem Spaziergang die Begegnung mit anderen Hunden zu ermöglichen und sicher zu sein, dass man ihn auch wohlauf wieder mit nach Hause nehmen kann.

❓ Wie lange kann man mit dem Welpen spazieren gehen?

Grundsätzlich darf sich der Welpe so viel bewegen, wie er mag.

Passen Sie auf dem Spaziergang das Tempo und die Aktivität dem Welpen an. Dabei soll stets darauf geachtet werden, dass Müdigkeitsanzeichen wie hinsetzen oder hinlegen nicht übersehen werden. Denken Sie auch daran, dass in einer stressigen Situation die innere Belastungsgrenze schnell erreicht sein kann und dies zur psychischen Überbelastung führen würde. Konfliktreaktionen wie «ständiges» Kratzen, «ablenkendes» Grasfressen usw. lassen erkennen, dass es dem Welpen zu viel ist – seine äusseren und inneren Grenzen der Belastbarkeit erreicht sind. Sollten Sie gerade unterwegs sein, machen Sie eine Pause oder tragen Sie den Welpen nach Hause.

⇒ *Siehe auch «Konfliktreaktionen», Seite 15*

❓ Unser Welpe möchte gar nicht spazieren gehen, lieber bleibt er zu Hause. Warum ist das so?

Sträubt sich der Welpe, von der gewohnten Umgebung wegzugehen, ist das nichts Ungewöhnliches. Der Welpe hat Vertrauen in sein neues Zuhause gefunden und fühlt sich dort wohl. Es braucht für ihn viel Überwindung, schon wieder Neuland zu betreten, denn das «Fremde» löst Unsicherheit aus.

Gehen Sie von Tag zu Tag ein Stückchen weiter. Animieren Sie den Welpen spielerisch, mit Ihnen zu gehen. Gestalten Sie den kleinen Spaziergang interessant, spielen Sie viel mit dem Welpen, erkunden Sie die Umwelt mit ihm und lassen Sie ihn positive Erfahrungen sammeln. Zusammen etwas erleben und bewältigen fördert den Bindungsaufbau zwischen Ihnen und dem Welpen. Die so erlangte Sicherheit, lässt den Welpen selbstständiger und entdeckungsfreudiger werden. Irgendwann ist er dann vielleicht so neugierig, dass er lieber noch ein Stück weiter gehen würde, als schon wieder umzukehren!

Entdecken Sie die Welt gemeinsam. Solch innige Erlebnisse stärken das gegenseitige Vertrauen und die gesammelten Erfahrungen lassen den Welpen innerlich wachsen und sicherer werden.

Der Welpenspaziergang oder besser die kleine Erkundungsreise

Gehen Sie mit Ihrem Welpen nicht einfach «spazieren». Lassen Sie ihm Zeit, sich regelmässig zu versäubern, und gehen Sie anschliessend auf Entdeckungsreise. Anfänglich in der Nähe von Ihrem Zuhause, dann im erweiterten Umfeld und schon bald auch an fremden Orten, die Sie mit einer kurzen Auto-, Bus- oder Zugfahrt erreichen. Damit erreichen Sie auch eine schrittweise Gewöhnung an die verschiedenen Verkehrsmittel. Etwas entdecken und erkunden – mit Nase, Fang, Augen, Ohren und dem Tastsinn – gibt dem Welpen die Gelegenheit, Erfahrungen zu sammeln und die Dinge gefühlsmässig einzuordnen. Sind Sie darum besorgt, dass der Welpe überwiegend positive, freudige Erlebnisse erfahren kann, damit er die natürliche Angst vor Unbekanntem in Sicherheit wandeln kann. Erforschen Sie mit dem Welpen die Natur, aber auch unbedingt die Zivilisation, in der er sich später sicher bewegen soll. Während den ersten ca. 16 Wochen im Leben des Hundes sind Erfahrungen – besonders Ersterfahrungen – meistens von tiefgreifender Bedeutung.

Überforderung vermeiden

Ob der Welpe den gestellten Anforderungen gewachsen ist oder nicht, können Sie den Konfliktreaktionen des Welpen ablesen. Diese sichtbaren Signale sind äusserliche Zeichen, die Ihnen Auskunft über die innere Stimmung des Welpen geben können. Treten Konfliktreaktionen gehäuft und andauernd auf, ist der Welpe überfordert, lassen Sie ihn nicht ohne Hilfe, sondern versuchen Sie die Situation zu lösen. Dies kann beispielsweise durch Zeigen und Erkunden des Stressauslösers geschehen oder durch Herbeiführen einer gelösten Stimmung durch Spielen.
⇒ Siehe auch «Konfliktreaktionen», Seite 15

Zeit und Geduld

Planen Sie immer genügend Zeit ein, eine solche Reise zu unternehmen. Unter Druck wird man gerne ungeduldig und fordert zu schnell zu viel. Manchmal hilft es einen Schritt zurück zu machen oder nochmals von vorne anzufangen. Seien Sie nicht enttäuscht, wenn der Welpe etwas «nicht mehr kann». Die Wahrnehmung des Welpen ändert sich während seines Wachstums. Zum Beispiel ist bei einem 10 Wochen alten Welpen die Tiefenwahrnehmung oft noch nicht ausgereift und er überschreitet eine

Brücke, ohne davor Angst zu zeigen. Derselbe Welpe zeigt mit vielleicht 13 Wochen plötzlich Unsicherheit und Angst, die Brücke zu passieren, da seine visuelle Wahrnehmung gereift ist und er die gefährliche Tiefe realisiert. Er braucht nun Zeit und neue positive Erfahrungen, um die Sicherheit zu erlangen, dass die Brücke gefahrlos passierbar ist. Dabei hilft es dem Welpen (unbewusst) mit der Wahrnehmungsveränderung besser klarzukommen, wenn er zuvor die Feinmotorik und den Gleichgewichtssinn ausreichend trainieren konnte. Wichtig: Zwingen Sie den Welpen nicht in eine Situation, sondern lassen Sie ihn die Aufgabe aus eigenem Antrieb bewältigen. Also keine Nachhilfe in Form von Schubsen, Ziehen, Hineinstellen oder Ähnlichem! Die Nähe zu Ihnen hilft ihm, das Vertrauen in die Situation zu gewinnen. Haben Sie daher Geduld, lassen Sie den Welpen aktiv lernen und seine Unsicherheit in Sicherheit wandeln. Hat er die Aufgabe dann auf allen vier Pfoten selbst bewältigt, können Sie dem kleinen Kerl ansehen, wie er innerlich gewachsen ist. Er wird noch neugieriger, selbstbewusster und zeigt sich freudig über seinen eigenen Mut und die Bewältigung der Situation.

? Soll man den Welpen von der Leine lassen?
Schon an der Leine neigt der Welpe dazu, hinter etwas herlaufen zu wollen. Was können wir tun, damit er dies unterlässt und er frei gelassen werden kann?

Den Welpen von der Leine zu lassen, ist für seine Wesensentwicklung von grösster Bedeutung. Denn erst das ungezwungene Erleben seiner Umwelt ermöglicht ihm, eigenaktiv Erfahrungen zu sammeln und in seine Welt einzuordnen.

Durch Erlangen von Selbstsicherheit unnötigen Belastungen vorbeugen

Der Welpe ist von Natur aus vorsichtig. Die Angst vor unbekannten Dingen und Situationen ist ihm angeboren. Ebenfalls ist ihm aber eine gute Prise Neugierde in die Wiege gelegt worden. Zusammen ergibt dies eine gute Mischung, mit der Ihr Welpe die Umwelt vorsichtig, aber mit gesundem Vorwärtsdrang erkundet. Selbstverständlich ist die Art, wie der Welpe sich mit neuen Situationen auseinandersetzt, individuell verschieden und hängt vom Temperament, der Bindungsqualität und den Vorerfahrungen ab. Mit jeder positiven Erfahrung wird sich der Welpe in seinem Wesen positiv weiterentwickeln. Denn jedes Mal, wenn er seine Unsicherheit überwindet, belohnt er sich dabei ganz von selbst. Sie können ihm zuschauen, ja geradezu miterleben, wie er mit jedem Erfolgserlebnis innerlich wächst und an

Selbstsicherheit gewinnt. Der Lerneifer des Welpen erhöht sich und er traut sich lustvoll an immer neue Situationen heran. Konnte ein Welpe in dieser freien Art ohne Einschränkung der Leine lernen, dass viele Hindernisse, Bodenstrukturen, Gebilde, Geräusche und Gerüche in unserer Welt keine Bedrohung darstellen, kann er diese Dinge im Laufe seines Lebens ohne unnötigen Stress bewältigen.

Umgang mit tatsächlich gefährlichen Situationen

Der Strassenverkehr gehört natürlich nicht zu den ungefährlichen Elementen unserer Umwelt und der Welpe muss in diesen tatsächlich gefährlichen Situationen an der Leine geführt werden. Dabei sollte er jedoch trotzdem Gelegenheit erhalten, sich an den vorbeibrausenden Verkehr und den damit verbundenen Lärm zu gewöhnen. Wählen Sie anfänglich eine wenig befahrene Strasse und steigern Sie die Anforderung allmählich. Selbstverständlich halten Sie den Welpen dabei an der lockeren Leine. Gehen Sie mit ihm der Strasse entlang. Setzt er sich hin oder will nicht mehr weitergehen, gönnen Sie ihm einen Moment, um sich die Situation anzuschauen. Ängstigt sich der Welpe, ist er mit der Situation überfordert. In diesem Moment sollten Sie ihn weder beruhigen noch schimpfen, denn beides würde seine Angst verstärken! Nach einer kurzen Verschnaufpause fordern Sie den Welpen in positiver Stimmung mit einem Spielzeug zum Weitergehen auf. Die Leine soll dabei locker bleiben. Versuchen Sie nicht, den Welpen mitzuziehen. Lässt er sich nicht zum Weiterspazieren überreden, nehmen Sie ihn am besten auf den Arm und passieren die beängstigende Stelle. Wählen Sie für den nächsten Ausflug eine ruhigere Strasse, um den Welpen kein weiteres Mal zu überfordern.

Spielerisch zum Mitgehen animiert, kann der Welpe seine Unsicherheit (etwa entlang einer Strasse oder auf dem Bahnhof) überwinden und die Geräusche positiv einordnen.

Nachjagen? Vorausschauen!

Die schnellen Bewegungen von Velofahrern, Joggern, mitunter auch von Autos, können den Welpen reizen, hinterherzujagen. Führen Sie Ihren Welpen daher zur Sicherheit an der Strasse, auf dem Vitaparcours und Veloweg an der Leine. In solchen Situationen müssen Unfälle vermieden werden und dazu ist die Leine das zuverlässigste Hilfsmittel. Sie nimmt Ihnen aber nicht die erzieherische Arbeit ab! Der Welpe soll ja auch frei laufend niemandem hinterherrennen. Nützen Sie deshalb die kontrollierte Situation, wenn der Welpe angeleint ist, zum Einüben des korrekten Verhaltens. Sobald Sie bemerken, dass der Welpe sich speziell für vorbeisausende Fahrzeuge, Menschen oder Tiere interessiert, bislang aber noch keine Anstalten machte, hinterherzurennen, lenken Sie die Aufmerksamkeit immer vorgängig auf sich. Nehmen Sie dazu ein attraktives Spielzeug zu Hilfe und gehen Sie zügig weiter. Verwenden Sie für solche Situationen beispielsweise ein Spielzeug, das Ihr Welpe ganz besonders spannend findet und von Ihnen nur in speziellen Situationen zum Vorschein geholt wird.

Lenken Sie die Aufmerksamkeit des Welpen auf sich, bevor er in Versuchung gerät, einem Fahrradfahrer, Jogger oder Auto hinterherzujagen.

Der Welpe nimmt einen Satz und will hinterherlaufen

Auch wenn der Welpe an der Leine ist, darf er keinen Satz hinter dem beweglichen Objekt her machen. Halten Sie dazu immer genügend Abstand zu den anderen Verkehrsteilnehmern, da eine zu direkte Konfrontation für den Welpen eine Überforderung darstellen kann. Da er an der Leine ist, kann er nicht flüchten und er reagiert bei Angst mit dem Versuch, «das unheimliche Ding» zu verjagen. Sie brauchen aber auch nicht vor den anderen zu flüchten und mit den Welpen das Weite zu suchen, denn damit würden Sie dem Welpen vermitteln, dass irgendwas nicht stimmt. Gehen Sie normal dem Weg entlang, den Sie gezielt so wählen, dass Sie und Ihr Welpe nicht durch die äusseren Umstände in die Enge getrieben werden. Damit kann dieses Verhalten häufig bereits vermieden werden.

Die Lust am Jagen

Es kann durchaus auch der Fall sein, dass bewegliche Objekte Ihren Welpen zum Nachjagen animieren, ohne dass ein angstmotiviertes Verhalten dahintersteckt. Rassenspezifisch kann das Beutefangverhalten mehr oder weniger veranlagt sein und durch Auslösereize geweckt werden. Zum Beispiel, wenn der Welpe Blätter im Wind fängt, die Nachbarskatze verjagt, Vögel aufscheucht oder einem Jogger hinterherläuft. Sie sollten diese Verhaltensweisen von Anfang an nicht durchgehen lassen – auch wenn der Welpe den Vogel ja sowieso nicht erwischt. Denn das Nachjagen allein kann bereits eine sehr lustvolle Beschäftigung sein. Ungebremst können dadurch viele Probleme im Umgang mit dem Welpen entstehen. Disziplinieren Sie den Welpen genau in dem Moment, in dem er losspringen möchte – auch wenn er an der Leine ist. Denn auch an der Leine kann er die Verknüpfung machen, dass bereits der Ansatz des Nachjagens eine negative Stimmung zur Folge hat. Er soll durch Ihre rasche Reaktion gehörig erschrecken. Packen Sie ihn am Fell, wenn möglich im Nackenbereich, und schimpfen Sie ihn mit: «Nein!» oder: «Aus!» Sodass der Welpe aus Ihrem ganzen Verhalten, der Mimik und der Stimmung ablesen kann, dass Sie dieses Verhalten nicht dulden. Schauen Sie in Zukunft voraus und lenken Sie die Aufmerksamkeit des Welpen spielerisch (wenn es sehr schwirig ist, auch einmal mit einem Leckerbissen) auf sich, bevor beispielsweise der Jogger an Ihnen vorbeiläuft. Lassen Sie die Entfaltung dieser Verhaltensweise nicht zu, denn sie kann schnell zum Selbstläufer werden.
⇒ *Siehe auch «Eigenschaften», Seite 25*

? **Wann kann man es wagen, den Welpen draussen frei laufen zu lassen?**

Das gegenseitig aufgebaute Vertrauen und die damit einhergehende positive Bindungsentwicklung sind dabei von entscheidender Bedeutung. Ihr eigener guter Mut und die Offenheit, verschiedenen Situationen im Leben zu begegnen, sind für den Welpen ebenfalls bedeutende Wegweiser, an denen er sich orientiert.

Hilfreiche Vorerfahrungen in der Wurfgemeinschaft

Hatte der Welpe schon beim Züchter einige Herausforderungen erfolgreich meistern können, wird es ihm leichter fallen, sich in neuen Situationen zurechtzufinden. Solche Lerngelegenheiten kann der Züchter bieten, indem er zum Beispiel Ausflüge mit der Wurfgemeinschaft unternimmt und den Welpen einen erlebnisreichen Abenteuerspielplatz zur Verfügung stellt.

Positiver Bindungsaufbau als Voraussetzung

Es gibt keine allgemein gültige Zeitangabe, ab wann der Welpe frei gelassen werden kann. Um Ihnen aber doch einen Anhaltspunkt zu geben, kann aus Erfahrung gesagt werden, dass unter optimalen Bedingungen die Bindung nach ca. 3 Tagen so weit angebahnt sein dürfte, dass der Welpe weiss, zu wem er gehört. Er wird also auch in fremder Umgebung bemüht sein, den Anschluss zu Ihnen aufrecht zu halten. Das ist ein natürliches und ausgeprägtes Bedürfnis in diesem Alter. Muntern Sie den Welpen mit fröhlicher Stimme dazu auf, Ihnen zu folgen. Ist dieses feine Band zwischen Ihnen und Ihrem Welpen geknüpft, können Sie ihn an einem ungefährlichen Ort problemlos frei laufen lassen.
⇒ *Siehe auch «Optimale Startbedingungen», Seite 42*

In gewohnter, sicherer Umgebung üben

Trainieren Sie das Herkommen des Welpen auch im Haus und wenn möglich im Garten. Sie können dies ganz spielerisch angehen und werden bald merken, dass der Welpe die Aufforderung zum gemeinsamen Tun gerne annimmt. In gleicher Weise können Sie ihn dann auf dem Spaziergang an ungefährlicher Stelle frei laufen lassen und wieder zu sich heranrufen. Die positive Verstärkung durch freudvolles Spielen dürfen Sie jedoch anfänglich nicht vergessen.
⇒ *Siehe auch «Kurzübersicht, den Welpen herbeirufen», Seite 118*

Frei sein können und zurückkommen

In fremder Umgebung kann es auch sein, dass der Welpe noch unsicher ist und sich nicht traut, von Ihrer Seite zu weichen. Helfen Sie ihm, Ihnen zu vertrauen und damit die Angst vor der fremden Umgebung zu verlieren. Lassen Sie ihn an Ihrer fröhlichen Stimmung teilhaben und damit spüren, dass die Welt in Ordnung ist. Spielen Sie mit Ihrem Welpen, tollen Sie mit ihm auf einer Wiese herum und erforschen Sie zusammen die vielen, dem Welpen noch unbekannten Dinge. Zusammen zu sein, etwas Positives zu erleben und zu beweisen, dass man ein zuverlässiger Partner ist, gibt dem unsichtbaren Band jene Reissfestigkeit, die den Welpen innerlich frei werden lässt. Er kann sich von Ihnen lösen, selbstständig spielen und erkunden. Er wird Ihnen aber auch nachfolgen. Anfänglich, wenn Sie ihn dazu auffordern, und in einem weiteren Schritt auch, wenn Sie einfach weitergehen.

? **Wir haben Angst, den Welpen frei zu lassen. Was sind die Folgen, wenn man den Welpen nicht von der Leine lässt?**

Den Welpen immer an der Leine zu führen, ist einerseits nicht tiergerecht und andererseits nimmt es dem jungen Tier viele Möglichkeiten der Selbsterfahrung und der Angstbewältigung. Dies kann fatale Folgen in der Wesensentwicklung des Welpen haben!

Eingeschränkte Wesensentwicklung und ihre möglichen Folgen

Dieser frühe Erfahrungsentzug kann im Extremfall so weit reichen, dass viele Umweltsituationen, die nicht eingeordnet werden konnten, vom Hund lebenslang als belastend empfunden werden. Dieser Hund steht nicht selten unter Dauerstress, ist nervös und durch die permanente Anspannung ist seine Reizschwelle herabgesetzt. Kommen dann noch weitere Stressfaktoren dazu, kann dieser Hund ausser Kontrolle geraten und unangemessen aggressiv reagieren. Meist steht auch der Besitzer eines solchen Hundes unter Anspannung, was die Situation nochmals verschlechtert. Ein derart zurückgehaltener und damit erfahrungsarm aufgezogener Welpe kann sprichwörtlich zum Kettenhund werden.

Die Neugierde ist die Triebfeder der Natur und bringt lebenswichtige Lernprozesse in Gang. Lassen Sie Ihren Welpen springen, beteiligen Sie sich aktiv an seiner Entwicklung. Wer es von der lebensfrohen Seite anzupacken vermag, wird viel Spass haben und gemeinsam eine Menge interessanter Erfahrungen machen.

Bindung anbahnen, anstatt an der Leine halten

Die Leine ersetzt die Bindung nicht. Gegenseitiges Vertrauen lässt es nämlich zu, den Welpen von der Leine zu lassen. Trauen Sie Ihrem Welpen das Leben zu und lassen Sie ihn los – im doppelten Sinne. Überwinden Sie Ihre Angst und freuen Sie sich darüber, wie Ihr Welpe selbstständig die Umgebung auskundschaftet. Gestalten Sie die Situationen von vornherein so, dass sie für den Welpen eine Herausforderung darstellen, nicht aber ernsthaft gefährlich sind. Wohl überlegt, aber ohne übertriebene Angst kann damit der freien Entfaltung des jungen Lebewesens grünes Licht gegeben werden.

? Warum reagiert mein Welpe nicht, wenn ich rufe? Wie kann ich den Welpen animieren, auf Zuruf herzukommen?

Der positive Bindungsaufbau erleichtert das zuverlässige Herkommen des Welpen in jedem Falle. Das korrekte Reagieren auf Hörzeichen muss aber erlernt werden, wie wenn wir uns eine Fremdsprache aneignen wollen.

So bleibt Lernen auf der Strecke

«Nǐ hǎo», sagte die neue Mitarbeiterin aus China unlängst zu mir. Ich schaute verwirrt – sie wiederholte mit verärgerter Stimme: «Nǐ hǎo!» Ich wusste nicht, was sie von mir wollte, und ging weiter meiner Arbeit nach. Würde die Frau daraufhin herkommen und mir eine Ohrfeige geben, wäre ich tüchtig verunsichert. Was habe ich denn nur falsch gemacht? Gelernt hätte ich dabei aber nicht, was ich unter Nǐ hǎo zu verstehen hätte. Es nützt also herzlich wenig, Ihrem Welpen erst freundlich, dann mit festem, ärgerlichem Tonfall «komm!» zuzurufen. Reagiert er nicht oder in unseren Augen falsch, und Sie schimpfen ihn, ist er höchstens verwirrt, wenn nicht gar verängstigt. Sie hätten ihm damit aber nicht vermittelt, was «komm» für ihn bedeuten soll.

Gegenseitiges Einfühlungsvermögen

Damit die Übung zum Erfolg führt, machen Sie es dem Welpen so einfach wie möglich. Die Dame hätte mir zum Beispiel die Hand entgegenstrecken können: «Nǐ hǎo.» Und hätte mir damit die gewünschte Reaktion erleichtert: «Guten Tag!» Mit einem freundlichen Lächeln quittiert, hätten wir uns verstanden. Würde dies täglich wiederholt, könnte ich mit zunehmender Sicherheit sagen, dass «Nǐ hǎo» in Chinesisch «Guten Tag!» bedeutet.

Lernsituationen so einfach wie möglich gestalten

Dem Welpen machen Sie es einfacher, wenn Sie jeweils einen guten Augenblick für die Abrufübung wählen. Ist er mitten in ein Spiel verwickelt, wäre der Zeitpunkt nicht optimal, das heisst, der Ausblick auf Erfolg der Aufgabe wäre gering. Jedes Spiel hat eine intensive Phase, die durch ruhigeres Herumschnüffeln oder Erkunden abgelöst wird. Jetzt können Sie freundlich, laut und deutlich den Namen des Welpen rufen. Sind Sie konsequent mit sich selber, rufen Sie nur einmal. Im Moment, in dem er sich nach Ihnen umschaut, bewegen Sie sich in die entgegengesetzte Richtung und animieren den Welpen mit «Indianergeheul» Ihnen zu folgen. (Tipp: Fragen Sie den Züchter, mit welchem Ruf er die Welpen zum Fressen zusammengetrommelt hatte. Damit können Sie Ihren Welpen meist zuverlässig anlocken.) Beim Welpen entsteht der Eindruck: «Da ist was los. Ich komme mit!» Währenddem der Welpe herbeigelaufen kommt, rufen Sie, wiederum nur einmal, laut, klar und aufmunternd: «Komm!» Benutzen Sie immer das gleiche Hörzeichen für eine Tätigkeit, damit der Welpe verknüpfen kann, was gemeint ist. Um den Welpen in Empfang zu nehmen, gehen Sie in die Hocke und loben ihn ausgiebig.

Jetzt! Der Welpe hat seinen Namen gehört und schaut kurz auf. Erhaschen Sie den flüchtigen Blickkontakt und juchzen Sie fröhlich auf. Springen Sie gleichzeitig einige Meter weg und geben Sie sich dabei so spannend, dass der Welpe unbedingt wissen möchte, was Sie Interessantes vorhaben.

Mag der Welpe die Belohnung?

Beobachten Sie, ob Ihr Welpe Ihre Art zu loben gerne mag! Das ist kein Witz. Oft kann man beobachten, dass beispielsweise intensives Streicheln oder heftiges Tätscheln mit Konfliktreaktionen (z. B. Züngeln, Kratzen, Peniserektion) beantwortet wird. Es bedeutet, dass dem Welpen gar nicht wohl ist bei der Sache. Loben Sie, indem Sie dem Welpen Ihre Anerkennung mit der Stimme und mit Ihrer Mimik vermitteln, und achten Sie darauf, ob Ihr Welpe das Lob auch aufnehmen kann. Auf Nummer sicher können Sie gehen, wenn Sie mit dem Welpen spielen, denn Spielen kann er nur in innerlich gelöster Stimmung. Das ist zwar nicht unbedingt ein direktes Lob, aber ein gutes Prinzip: Auf ein erwünschtes Verhalten folgt eine für den Welpen (und für Sie!) attraktive Tätigkeit.

⇒ *Siehe auch «Loben», Seite 16*

? Mein Welpe kommt angerannt, wenn ich ihn rufe. Er saust dann aber an mir vorbei oder kehrt kurz vor mir um und haut wieder ab. Wie kann ich meinen Welpen erwischen?

Spielen Sie nicht Torhüter und versuchen Sie nicht, Ihren Welpen einzufangen. Drehen Sie den Spiess um, damit das Spiel zu Ihren Gunsten ausfällt. Aber Achtung, schnelles Umdenken ist gefragt, denn Welpen sind geradezu dazu geboren, neue Spiele zu entwickeln!

Abrufen und auf der Hut sein

Rufen Sie den Welpen wie in der vorhergehenden Frage ab. Sobald er rechtsumkehrt machen will oder an Ihnen vorbeisaust, rennen Sie in eine andere Richtung davon. Machen Sie sich beim Davonlaufen spannend. Nehmen Sie dabei Ihre Stimme zu Hilfe, Indianergeheul oder andere begeisternde Geräusche wecken die Neugierde des Welpen. Sobald er Anschluss sucht, gehen Sie in die Hocke und geben ihm die Möglichkeit heranzukommen. Kommt er nicht heran oder dreht kurz vorher wieder um, rennen auch Sie sofort wieder davon. Geben Sie dem Welpen nochmals die Gelegenheit heranzukommen, jedoch ohne abermals Name und Hörzeichen zu rufen. Helfen Sie dem Welpen heranzukommen, indem Sie ein Spielzeug um Ihre Beine kreisen lassen. Animieren Sie den Welpen, das Spielzeug zu fangen. Dabei kommt er dicht zu Ihnen heran. Loben Sie ihn dafür mit der Stimme und spielen Sie einen Moment weiter.

Taktik ändern

Rennen Sie aber nur 1–2 Mal davon, wenn es daraufhin nicht gelingt, den Welpen bis zu Ihnen heranzulocken, muss die Taktik geändert werden. Sonst könnte sich die geplante Abrufübung zu einer neuen Spielvariante entwickeln. Wenden Sie sich vom Welpen ab (auch andere Personen der Familie sollten es Ihnen gleichtun) und gehen Sie einige Meter weiter. Beachten Sie nun den Welpen nicht mehr, auch nicht nach ihm schielen! Nun sind Ihre schauspielerischen Fähigkeiten (bei Anwesenheit der Familie auch die Ihres Partners und der Kinder) gefragt: «Finden Sie einen Goldbarren!» Kauern Sie sich herunter und betasten, beriechen, bewundern Sie das imaginäre Ding. Bringen Sie Ihr Staunen und Ihre Begeisterung auch stimmlich zum Ausdruck ... es muss besonders interessant tönen! Der Welpe ist nun ausgeschlossen, geniesst keinerlei Aufmerksamkeit und so alleine macht alles andere auch keinen Spass mehr. Neugierig wird er sich nähern und auch gucken wollen, was Sie denn so Tolles gefunden haben.

Positive Verknüpfung mit dem Herankommen

Nun aber bitte nicht gleich anleinen und nach Hause gehen! Welpen sind sehr lernfähig und können schnell verknüpfen, wofür diese neue Version des Heranrufens gedacht ist. Beim nächsten Mal fallen sie dann schon nicht mehr darauf herein. Rufen Sie den Welpen auch ab und zu heran, wenn dies gar nicht unbedingt nötig wäre. Eben einfach zum Spass, um gemeinsam zu spielen oder auch mal um einen Leckerbissen abholen und wieder davonjagen zu dürfen. Geben Sie dem Welpen für das erneute Weggehen immer beiläufig das entsprechende Hör- und Sichtzeichen.

So ist es richtig! Machen Sie es bei sich so spannend, dass der Welpe von sich aus neugierig herankommt. Diese Frau hat den Welpen mit einem Spielzeug angelockt und hält es nun in der linken Hand versteckt.

? **Bislang hat Abrufen gut geklappt, aber nun kommt mein Welpe nicht mehr zuverlässig und freudig heran, sondern geht einfach seiner momentanen Beschäftigung nach. Was kann ich tun?**

Der Welpe hat Sie wahrscheinlich durchschaut. Sie sind vielleicht unsicher und würden nicht ernsthaft davonrennen, wenn Sie ihn rufen und sich von ihm wegbewegen. Denn Sie bleiben in der Nähe und gehen vielleicht nach einer Weile sogar wieder zu Ihrem Welpen zurück. Warum soll er denn hinter Ihnen herrasen? Da kann er doch gemütlich weiterschnuppern und auf Sie warten.

Gehorsam ermöglicht mehr Freiheit

Je zuverlässiger Sie Ihren Hund abrufen können, desto mehr Freilauf kann ihm gewährt werden. Versäumen Sie es deshalb nicht, dem Welpen rechtzeitig zu zeigen, dass das Nichtbeachten Ihrer Hörzeichen Konsequenzen hat. Folgende Übungssituation darf aber nur durchgeführt werden, wenn der Welpe das Hörzeichen zum Herkommen kennt und bislang befolgt hat. Probleme, die im Bereich der Bindung zu suchen sind, müssen ebenfalls ausgeschlossen werden.
⇒ Siehe auch «Wichtigkeit der Bindung», Seite 43

Kontrollierte Situation herstellen

Am besten stellen Sie die Situation an einem geeigneten Ort, abseits von befahrenen Strassen, her. Ist die Lage schon verhärtet, etwa wenn der Junghund schon überaus selbstständig ist und den Heimweg durchaus auch von alleine findet, ist es empfehlenswert, an einen ihm unbekannten Ort zu fahren. Besser wäre es allerdings, das Hörzeichen schon früher in der unten beschriebenen Weise durchzusetzen.

Ab ins Versteck!

Der Welpe läuft nun frei, und Sie rufen ihn wie gewohnt zu sich. Bleiben Sie dabei fair, rufen Sie in einem günstigen Augenblick und für den Welpen klar und verständlich. Manchmal klappt es gerade heute, einfach nur, weil Ihr Welpe Ihre Entschlossenheit spürt. Man nennt das auch Stimmungsübertragung. Loben Sie den Welpen ausgiebig und schliessen Sie die Übung mit einem positiven Erlebnis wie Spielen oder gemeinsames Erkunden ab. Erfolgt jedoch nach dem Rufen keine weitere Reaktion, verstecken Sie sich in der Nähe hinter einem geeigneten Objekt, das sich entlang des Weges befindet, und warten Sie dort ab. Hervorlugen ist erlaubt, aber nur so, dass Ihr Welpe Sie nicht sehen kann. Es kann eine Weile dauern, bis Ihr unbekümmerter Welpe merkt, dass Sie verschwunden sind. Dann jedoch dürfte es ihm unwohl werden. Bleiben Sie jetzt geduldig und halten Sie sich weiterhin versteckt. Überfordern Sie Ihren Welpen jedoch nicht! Dies ist kein «Spiel» für ihn, vielmehr kommt in dem Moment, wo er merkt, dass Sie ver-

Abrufsituationen oder hier auch die Gelegenheit zur Vertiefung des Hörzeichens können gut gestellt werden. Sie können dazu ein Gelände weitab von Gefahrenzonen wählen und schon im Voraus geeignete Versteckmöglichkeiten ausfindig machen.

schwunden sind, das Gefühl des Verlassenseins auf. Beobachten Sie daher die Konfliktreaktionen und gehen Sie entsprechend der Belastungsfähigkeit des Welpen darauf ein.

Konfliktreaktionen geben Ihnen Auskunft, wie sich Ihr Welpe fühlt

Währenddem Sie in Ihrem Versteck sitzen, zeigt jeder Welpe verschiedene Verhaltensweisen. Sie dürften aber allesamt von Konfliktreaktionen (Kratzen, Fiepen, Züngeln usw.) begleitet werden, die uns erkennen lassen, dass der Welpe verunsichert ist. Zeigt der Welpe nur vereinzelte oder keine Konfliktreaktionen, lassen Sie ihn noch für eine kurze Zeit weitersuchen. Wenn die Konfliktreaktionen jedoch anhalten oder salvenartig auftreten, ist die Belastung für Ihren Welpen zu hoch. Helfen Sie ihm, Sie zu finden. Auch der Welpe mit weniger Konfliktreaktionen, der schon eine Weile erfolglos gesucht hat, sollte nun Ihre Hilfe erhalten, denn die Übung verliert ihre Wirkung, wenn der Zusammenhang «Unaufmerksamkeit des Welpen und Ihr plötzliches Verschwinden» nicht mehr gewährleistet ist.

Was passiert?

Alleine zurückzubleiben ängstigt den Welpen. Es ist daher wichtig, dass wir mit dieser Übung in einem für den Welpen bewältigbaren Rahmen bleiben. Da es in unserer Hand liegt, die Konfliktsituation wieder aufzulösen, haben wir bei dieser Übung die Möglichkeit, den Selbstdressureffekt dieser Übung zu nutzen. Das Hörzeichen zum Herankommen erhält also auch für den Welpen einen deutlichen Sinn und er lernt, wie notwendig es auch für ihn ist, prompt zu reagieren.

Auflösung der Situation

Rascheln Sie oder rufen Sie den Namen des Welpen, ohne aus Ihrem Versteck zu kommen. Nun wird er versuchen herauszufinden, woher das Geräusch kommt. Der eine Welpe findet Sie daraufhin, dem anderen müssen Sie weiterhelfen, indem Sie sich bewegen. Bewegen Sie sich aus Ihrem Versteck, aber nicht auf den Welpen zu, sondern in entgegengesetzter Richtung und animieren Sie ihn mit fröhlicher Stimme heranzukommen.

Der Welpe kommt heran

Der Welpe wird höchstwahrscheinlich sehr aufgeregt sein, wenn er Sie erblickt. Von aussen betrachtet sieht dies vielleicht nach überschäumender

Freude aus. Beim genaueren Hinsehen werden Sie aber Konfliktreaktionen beobachten können, wobei auch diese wilden Gestiken an sich Ausdruck der Anspannung sind. Loben Sie ihn deshalb in diesem Augenblick nicht. Vielleicht erstaunt Sie das, denn der Welpe kommt jetzt her, was wir doch eigentlich bezwecken wollten. Zum besseren Verständnis versuchen wir uns in die Gefühlslage des Welpen zu versetzen. Er hatte Angst, Sie verloren zu haben. Nun erblickt er Sie wieder und sehr wahrscheinlich sitzt zu diesem Zeitpunkt der Schreck noch tief in seinen Gliedern. Mit lobenden Worten, Streicheln oder Leckerlis würden Sie ungewollt das ungute Gefühl bekräftigen, das die Tätigkeit heranzukommen überschattet. Auch beruhigen können Sie ihn nicht, wie man dies unter Mitmenschen pflegt. Denn der Welpe erkennt den Sinn der Worte nicht, für ihn ist Ihre Stimmlage massgebend. Beim Trösten klingt in unserer Stimme Mitgefühl mit. Das bekräftigt den Welpen in seiner noch immer angstgetönten Stimmung und führt dazu, dass sich die negative Gefühlslage und damit die Aufregung des Welpen verstärkt.

Sehr schön! So ist es doch fetzig heranzukommen. Rufen Sie den Welpen häufig zum Spielen oder Erkunden ab. Nicht immer nur anleinen und heimkehren – obwohl, warum sollte Leinenlaufen negativ sein? Mit etwas Phantasie wird es Ihnen gelingen, auch diese Seiten des Lebens attraktiv zu gestalten.

Richtige Reaktion, wenn der Welpe Sie gefunden hat!

Sie wiedergefunden zu haben, ist in diesem Moment selbstbelohnend und braucht kein direktes Lob unsererseits. Lassen Sie den aufgeregten Welpen Kontakt aufnehmen, etwa an Ihrer Hand riechen oder lecken, und setzen Sie den Spaziergang mit heiteren Worten und der freundlichen Aufforderung zur Nachfolge fort. Damit unterstützen Sie einen positiven Stimmungsumschwung beim Welpen und der Spaziergang kann ganz normal fortgesetzt werden. Ist der Welpe jedoch nachhaltig beeindruckt, bringt ein gemeinsames Spiel oder eine spannende Entdeckung die vertrauensvolle Stimmung zurück. Das freudige Ende dieser Übung ist sehr wichtig, damit der Welpe das Vertrauen in Sie nicht verliert und die Aufforderung zum Herankommen positiv verknüpfen kann.

Das Resultat der Übung

Das Erlebnis, Sie einen Moment tatsächlich verloren zu haben, sitzt meistens recht tief. Der Welpe dürfte wieder vermehrt darauf achten, Sie nicht aus den Augen zu verlieren und vor allem auch, auf das deutliche Zeichen zum

Herkommen zuverlässig zu reagieren, da er die Erfahrung gemacht hat, dass Sie sonst verschwinden könnten. Die Sonnenseite für den Welpen: Wenn er sich problemlos abrufen lässt, kann man ihm viel mehr Freiheit gewähren!

Der Welpe hat die Situation nicht so ernst genommen

Es gibt aber auch Welpen, bei denen eine Wiederholung dieser Situation schon mal nötig sein kann. Diese «Übung» sollten Sie mit der nötigen Portion Ernst und Durchhaltevermögen machen, damit die erwünschte Reaktion des Welpen erwirkt werden kann.

Diese Übung ist kein Test!

Den Ablauf dieser Übung zu bewerten, wäre völlig vermessen. Jedes Lebewesen geht gemäss seinen Vorerfahrungen anders mit Problemsituationen um. Gehen Sie auf das entsprechende Verhalten Ihres Welpen einfühlsam ein, ohne irgendeine unverhältnismässige (Such-)Leistung zu erwarten.

**? Darf ich meinen Welpen mit anderen Hunden auf dem Spaziergang spielen lassen?
Ist die Begegnung mit erwachsenen Hunden gefährlich für meinen Welpen?
Wie sinnvoll ist es, den Welpen auch mit anderen Hunden ausserhalb der Prägungsspieltage Kontakt aufnehmen zu lassen?**

Die positiv verlaufende Kontaktaufnahme zu erwachsenen Hunden ist für den Welpen ein wünschenswerter Erfahrungsgewinn. Dass aber nicht alle Hunde über die nötige innerartlich soziale Sicherheit verfügen, ist leider nicht von der Hand zu weisen.

Im Bekanntenkreis

Vielleicht kennen Sie schon andere Hundebesitzer und ihre Hunde. In diesem Rahmen ist es leicht auszumachen, welche Hunde als Spielpartner für Ihren Welpen in Frage kommen. Sprechen Sie offen mit Ihren Bekannten darüber und arrangieren Sie Treffen, bei denen Ihr Welpe positive Kontakte mit erwachsenen Hunden knüpfen kann. Wenn es Hunde darunter hat, die zwar keine Raufer sind, leider aber über kein sicheres Sozialverhalten (Erkennung des Kindchenschemas) verfügen und daher ihre Über-

Ermöglichen Sie Ihrem Welpen die vorsichtige Kontaktaufnahme zu erwachsenen Hunden, von denen Sie wissen, dass Sie ausreichend sozialisiert sind und mit Welpen umgehen können.

legenheit ausnützen, sollten Sie die gemeinsamen Spaziergänge auf später verschieben, wenn beide Hunde über einen Grundgehorsam verfügen und Sie damit Einfluss auf das (Spiel-)Geschehen nehmen können.

Auf dem täglichen Spaziergang

Häufig hat man eine gängige Spazierroute, die man fast täglich abläuft. Vielleicht kennen Sie auch hier schon den einen oder anderen Hund und dessen Halter. Hatten Sie zuvor noch keinen Hund, versuchen Sie Kontakte zu den anderen Besitzern zu knüpfen. Dabei lernen Sie auch die verschiedenen Hunde kennen. Bald wissen Sie, mit welchem Sie Ihren Welpen bedenkenlos frei laufen und spielen lassen können.

Erstbegegnungen

Sprechen Sie die Leute an und schätzen Sie ab, ob eine Kontaktaufnahme der Hunde möglich und beiderseits erwünscht ist. Beobachten Sie die Reaktion des erwachsenen Hundes bei der Begrüssung Ihres Welpen. Beschnuppern sich beide erst mal sorgfältig und freundlich und anfänglich sichtbare Konfliktreaktionen klingen ab, ist das Eis meist gebrochen. Vielleicht kann man die Hunde einen Moment zusammen laufen lassen. Es ist aber auch möglich, dass Sie sowieso weitergehen wollen oder es eben nicht zu einem Spiel zwischen den Hunden kommt. Dennoch war es eine positive Begegnung und Ihr Welpe konnte sich in Ruhe mit der Situation auseinandersetzen.

Erste Spielaktivitäten beobachten

Lässt man die Hunde frei laufen, braucht es manchmal etwas mehr Zeit, damit sie sich aufeinander einstimmen können. Dann werden vielleicht erste Spieleinheiten erprobt und es lässt sich relativ schnell erkennen, ob der erwachsene Hund seine körperliche Überlegenheit ausnutzt oder ob er sich rasch auf das ungleiche Kräfteverhältnis einstellt. Wenn die Hunde ein schönes Rollenspiel zeigen, mal ist der eine unten, mal der andere, oder es zu wilden, aber fairen Rennspielen kommt, ist dies ein guter Start für eine innige Freundschaft.

In fachgerecht geführten Welpenspielstunden kann unter Gleichaltrigen auf vielfältige und spielerische Art und Weise das trainiert werden, was später im Erwachsenenleben wichtig ist.

Ungleiche Kräfteverhältnisse

Möglicherweise wird das Spiel zunehmend heftiger. Ob der Welpe damit umgehen kann oder nicht, können Sie an der Häufung und Intensität der Konfliktreaktionen ablesen. Wird es dem Welpen deutlich unwohl, sind hier die Kräfteverhältnisse zu ungleich und Sie sollten freundlich vermitteln, dass es noch etwas früh ist, die beiden Hunde zusammen spielen zu lassen. Unangebracht wäre es, in Panik auszubrechen und hektisch die Hunde zu trennen beziehungsweise den Welpen einzufangen. Es geht zwar wild zu und her, aber Ihr Welpe kann dies gut verkraften, wenn die Situation nicht über längere Zeit unerkannt bleibt. Bewahren Sie Ruhe, bis der andere Hundebesitzer seinen Hund abgerufen hat, und locken Sie Ihren Welpen heran. Eine nette Verabschiedung erhält die gute Stimmung, vermittelt auch dem Welpen, dass alles in Ordnung ist, und Sie können fröhlich weiteren Abenteuern entgegensehen.

Bedeutung von Quietschlauten

Quietscht der Welpe, muss der andere Hund einen Gang zurückschalten. Der Welpe zeigt dieses Verhalten, wenn der Spielpartner weniger stark zubeissen oder ihn nicht so heftig anrempeln soll. Man kann durchaus beobachten, dass der Welpe schon tüchtig schreit, bevor er angestossen wird, um zu signalisieren, dass es ihm zu heftig zu- und hergeht. Wird der andere Hund auf diese Reaktion hin vorsichtiger und stellt sich auf den Welpen ein, können die beiden zusammen weiterspielen. Kommt dies aber häufig vor, ist es dem Welpen zu viel und die Hunde sollten getrennt werden.
⇒ *Siehe auch Zusatzhinweis «Quietschspielzeug», Seite 36*

Ungestüme Junghunde

Achten Sie darauf, dass besonders junge Hunde im Pubertätsalter häufig recht unsanft zu spielen pflegen. Auch wenn der Junghund gut sozialisiert ist, erkennt er den «Welpenschutz», der sich aus dem Kindchenschema und einem, dem Welpen eigenen Geruch zusammensetzt, noch nicht zuverlässig. Neigt dieser junge Hund dazu, seine Überlegenheit auszunutzen und dabei den Welpen ständig zu überrennen oder beim Raufen zu Boden zu drücken, ist er sicher kein optimaler Spielpartner.
⇒ *Siehe auch «Kindchenschema», Seite 14*

Erwachsene und ältere Hunde

Die Situation kann durchaus einmal umgekehrt sein, und ein älterer Hund wird von Ihrem Welpen überfordert. Wenn so ein freches, spitzzahniges Monster (oder gar mehrere auf einmal) ungebremst einen erwachsenen Hund belästigt, kann es diesem schon einmal zu viel werden. Der gut sozialisierte Hund wird sich angemessen zur Wehr setzen. Erschrickt der Welpe dabei tüchtig oder ist von der Abwehr genügend beeindruckt, lässt er den erwachsenen Hund daraufhin meist in Ruhe. Sie brauchen also nichts weiter zu unternehmen, der Welpe hat gerade eine wichtige Lektion gelernt. Mancher ältere Hund ist aber so gehemmt, dass man ihm eine Rückzugsmöglichkeit bieten sollte. Der andere Fall wäre ein überaggressiver Hund, der kein normales Sozialverhalten hat. Natürlich sollten hier die Hunde getrennt werden, bevor es zu einem ernsthaften Angriff auf den Welpen kommt.

Dieser erwachsene Schäferhund ist dem Welpen gegenüber sehr tolerant. Er hat aufgrund seiner sozialen Vorerfahrung das Kindchenschema des Welpen zuverlässig erkannt. Der Schäferhund beweist seine ausgeprägte Beisshemmung, zudem nützt er seine körperliche Überlegenheit nicht aus, sondern lässt den Welpen angemessen gewähren.

Vorsichtige Kontaktaufnahme. Wie sich der Verlauf einer Hundebegegnung entwickelt, hängt vor allem von der sozialen Reife der Hunde, deren bisherigen Erfahrungen untereinander sowie der inneren Sicherheit der Hundehalter ab.

Spielabbruch dringend empfohlen

Wird der Welpe vom Spielpartner gepackt und quietscht, muss dieser sofort ablassen. Lässt der beissende Hund auf eine solche Reaktion nur verzögert ab, sollten Sie das Spiel der Hunde beenden. Dies ist eines der Anzeichen, die man beobachten kann, wenn ein Hund übermässiges Dominanzstreben zeigt und damit seine vorteilhafte Situation ausnützt. Dies ist für den Welpen meist nicht ernsthaft gefährlich, jedoch auch in keiner Weise fördernswert. Richtigerweise sollte der Besitzer des erwachsenen Hundes eingreifen und seinen Hund abrufen oder disziplinieren. Dem Halter des Hundes dürfte es ebenfalls ein Anliegen sein, seinem Hund zu vermitteln, dass dieses Verhalten unerwünscht ist und vor allem auch, dass der Hund sich nicht auf unangemessene Art und Weise an einem schwächeren Partner aufbauen kann. Kann oder will der andere Hundehalter nicht reagieren, scheuen Sie sich nicht, selbst einzugreifen und das unausgeglichene Spiel der Hunde zu beenden. Da die Hunde meist stark miteinander beschäftigt sind, heben Sie in diesem besonderen Fall Ihren Welpen in einem günstigen Moment am besten einfach aus dem Geschehen heraus. Machen Sie dies möglichst ruhig, ohne zu rufen oder ärgerlich zu sein. Abrufen würde höchstwahrscheinlich noch nicht klappen, da der Welpe zu sehr mit sich selbst und dem anderen Hund beschäftigt ist.

Die andere Seite; der dominanzstrebende Junghund

Wenn Sie einen Junghund haben, bei dem Sie dieses unkontrollierte Dominanzstreben beobachten können, sollten Sie ihm ebenbürtige Spielpartner suchen, die ein normales Sozialverhalten zeigen. Diese werden ihn nicht etwa brutal unterbuttern, sondern eher abblitzen lassen. Wenn er wieder faires Verhalten zeigt, werden ihn die anderen als Spielpartner akzeptieren. Damit kann Ihr Junghund seine soziale Unsicherheit, die sich in «Machogehabe» oder aggressivem Benehmen äussert, ablegen. Es ist empfehlenswert, einen Junghundekurs zu besuchen. Dort sollte Ihr Hund die Gelegenheit bekommen, unter erfahrener Aufsicht mit Gleichstarken spielen zu können. Was hier sehr vereinfacht dargestellt wird, kann den Rat einer Fachperson erforderlich machen. Dies gilt auch für Besitzer von erwachsenen Hunden, bei welchen dieses Verhalten schon seit Jahren auftritt und die damit eine denkbar ungeeignete Lösung gefunden haben, ihre eigene Unsicherheit zu überspielen.

Quelle: SHM Nr. 2/03, «Dominanz – ein oft missverstandener Begriff», von Silvia Imholz.

Gegenseitige Rücksichtnahme

Ungeschriebenes Gesetz auf dem Hundespaziergang ist es, den eigenen Hund anzuleinen, wenn einem jemand mit angeleintem Hund entgegenkommt. Wenn Sie nicht möchten, dass die Hunde zusammen frei laufen, nehmen Sie Ihren Welpen an die Leine. Dies bedeutet für den anderen Hundehalter, seinen Hund heranzurufen und anzuleinen. Lässt dieser den Hund weiterhin frei laufen, bitten Sie ihn höflich, seinen Hund zu sich zu nehmen. Hat der andere Besitzer seinen Hund nicht unter Kontrolle und Sie trauen der Begegnung nicht, nehmen Sie Ihren Welpen einfach auf den Arm und gehen weiter. Umgekehrt sollten Sie ebenfalls darauf eingehen, wenn der entgegenkommende Hundebesitzer seinen Hund an die Leine nimmt. Er mag wohl auch seine Gründe haben, keine freie Begegnung zu wünschen.

Ernsthafte Konfliktsituationen

Wenn Sie vorausschauen, Kontakt mit den anderen Hundebesitzern aufnehmen und entsprechend die Begegnungen der Hunde mit Ihrem Welpen kontrollieren, können Sie viele Konflikte vermeiden. Trotzdem will ich hier die Welt nicht schöner schreiben als sie ist. Es gibt immer Situationen, die man nicht voraussahnen kann. Wird Ihr Welpe von einem anderen Hund ernsthaft angegriffen und verletzt, ist eine Extremsituation eingetroffen. Versuchen Sie trotzdem, Ihre Emotionen im Zaum zu halten. Die persönliche Bindung zu Ihnen ist für den Welpen ein wichtiger Bestandteil seiner inneren Verfassung. An Ihrer Reaktion macht der Welpe unter anderem fest, wie stark ihn ein solcher Angriff und die allfälligen äusseren Verletzungen innerlich zerrütten. Es klingt vielleicht fast unwahrscheinlich, aber die Situation zwischen den Hunden kann vom Welpen häufig relativ gut verkraftet werden. Wie Sie aber damit umgehen, beeinflusst massgeblich, mit welchen Gefühlen der Welpe die Situation verknüpft.

Kurzübersicht; den Welpen herbeirufen

Denken Sie daran, dass der Welpe unsere Worte erlernen muss, wie wenn wir uns etwa die chinesische Sprache aneignen würden. Machen Sie ihm die Übung deshalb so einfach wie möglich.

1. Einen günstigen Augenblick abwarten, in dem uns der Erfolg für das Herkommen des Welpen sicher erscheint.
2. Den Namen 1x rufen, damit der Welpe merkt, dass Sie etwas von ihm wollen.
3. Sofort, wenn der Welpe aufschaut, mit animierenden, spannenden Geräuschen wegrennen, z. B. Indianergeheul oder Lockruf des Züchters.
4. Währenddem der Welpe auf Sie zurennt, rufen Sie laut, deutlich und fröhlich: «Komm!» oder ein anderes, aber immer das gleiche Hörzeichen.
5. Gehen Sie in die Hocke und nehmen Sie den Welpen in Empfang.
6. Ist die ganze Familie mit dabei, ruft nur der Fürsorgegarant. Die anderen gehen mit und bleiben hinter ihm stehen. Dort verhalten sie sich passiv und ruhig. Für den Welpen ist es wichtig, dass sich das ganze «Rudel» an einem Punkt befindet.
7. Nicht nur abrufen, um nach Hause zu gehen oder angeleint zu werden. Machen Sie ein Spiel daraus und erfinden Sie verschiedene Gründe, die es lohnenswert machen, zu Ihnen zu kommen:
a) Das Spielzeug bereithalten und den Welpen bei der Ankunft in ein tolles Spiel verwickeln.
b) Mit dem freien Welpen gleich weitergehen, bleiben Sie dabei spannend, erleben und entdecken Sie gemeinsam etwas Interessantes. Zum Beispiel: Klettern Sie zusammen eine Böschung hoch oder erschnüffeln Sie miteinander ein zuvor verstecktes Spielzeug. Lassen Sie Ihre Fantasie walten. Die Erlebnisse müssen aber nicht im menschlichen Sinn umwerfend sein. Bleiben Sie auf dem Boden und Ihr Welpe auf allen vier Pfoten!
c) Loben, einen Moment bei sich halten und wieder springen lassen.
d) Ab und zu einen Leckerbissen abholen lassen und wieder freigeben. (Dies darf nicht in übertriebenem Mass praktiziert werden. Der Welpe soll schliesslich gerne zu Ihnen und nicht in erster Linie zum Leckerbissen kommen.)
e) Den Welpen anleinen, an der lockeren Leine spielen und einige Schritte gehen. Daraufhin wieder freilassen. Geben Sie für jedes erneute Freilassen immer dasselbe Hör- und Sichtzeichen. Zum Beispiel: «Frei!» und eine ausladende Handbewegung.

Sind Sie SPANNEND?

Was es braucht, um den Welpen zu animieren:

Spannende, ungewöhnliche, animierende laute oder auch leise Geräusche (Indianergeheul, Pfeifen, Schnalzen usw.)

Die Wirkung verfehlen jedoch meistens Äusserungen wie Flüstern, Sprechen in tiefem oder strengem Tonfall, etliches Wiederholen desselben Wortes oder des Namens und eine monotone Stimmlage.

Schnelle Bewegung mit dem ganzen Körper
Langsames, zögerndes Wegspazieren kann dem Welpen signalisieren, dass Sie nicht ernsthaft weggehen. Zudem ist der Reiz nicht so hoch, Ihnen nachzufolgen. Bewegen Sie auch die Arme, denn der Welpe kann deutliche, schnelle Bewegungen besser wahrnehmen als langsame, unauffällige.

Laufen Sie in die andere Richtung, weg vom Welpen!
Auf den Welpen zugehen erweckt die Lust wegzulaufen und nicht herzukommen. Rennen Sie aber nicht planlos immer weiter weg, sonst erkennt Sie der Welpe auf einmal nicht mehr und es könnte die Gefahr bestehen, dass er in Panik gerät und wegläuft. Im Normalfall folgt Ihnen der Welpe schon nach einer Distanz von 5–10 Metern und Sie können Ihn spielerisch in Empfang nehmen.

Nicht einfangen
Wenn der Welpe nachkommt, aber an Ihnen vorbeisaust, versuchen Sie nicht, ihn einzufangen. Rennen Sie auch wieder weg und locken Sie den Welpen mit einem Spielzeug heran. Gelingt dies nicht, wenden Sie sich vom Welpen ab, ohne nochmals zurückzuschauen, und tun dergleichen, Sie hätten etwas Spannendes gefunden. Der neugierige Welpe wird nach einer Weile nachkommen, um ebenfalls zu erfahren, was Sie da aufgespürt haben. Achten Sie darauf, dass die Abrufübung in den überwiegenden Fällen mit einer positiven Handlung beendet wird!

Nicht holen
Der Welpe findet rasch heraus, dass Sie ihn einsammeln wollen, was für ihn Spielabbruch bedeuten kann. Wahrscheinlich werden Sie bald nicht mehr an den Welpen herankommen und er macht sich ein Spiel daraus, Ihnen zu entkommen.
Wenn wir aus Angst vor einer Gefahr auf den Welpen zugehen und nach ihm greifen, kann dies sogar bedrohlich wirken. Der Welpe wird dann versuchen, uns zu entkommen. Wann immer möglich, bewegen Sie sich auch in solchen Situationen besser in die entgegengesetzte Richtung, weg von der Gefahr und weg vom Welpen. Locken Sie ihn dabei mit hoher, interessanter Stimme.

Keine oberflächlichen Übungen
Alles, was wir aber tun, sollte von Herzen kommen! Billige Showeinlagen werden vom Welpen schnell erkannt und er wird nicht darauf eingehen. Spüren Sie den Puls des Lebens, kommen Sie aus sich heraus und kommunizieren Sie spielerisch mit Ihrem Welpen. Sie werden es viel leichter haben, wenn die Erziehung auf einer fröhlichen, offenen Kommunikation und positiven inneren Verbindung aufgebaut ist.

Spitze Welpenzähne

Spielen, herumtollen und zusammen die Welt erobern – das macht die Zeit mit einem Welpen so einmalig. Beim gemeinsamen Spiel spürt man sie ab und zu, die spitzen Welpenzähne. Es piekst und kann schon mal etwas unangenehm werden. Vor allem Kinder können dadurch tüchtig erschrecken und auch mal einen kleinen Kratzer davontragen. Richtig gefährlich ist es wohl noch nicht. Trotzdem ist es sehr wichtig, dass der Welpe jetzt lernt, seine Bissstärke zu regulieren.

? Unser Welpe mag Kinder sehr gerne. Im Spiel geht es jeweils auch heftig zu und her. Bis jetzt ist nichts passiert, wir haben aber Angst, dass trotzdem einmal ein Kind gebissen werden könnte. Sollen wir die Kinder nicht mehr mit dem Welpen spielen lassen?

Grundsätzlich sollten Sie kleine Kinder und Hunde niemals unbeaufsichtigt lassen. Das gilt auch für ältere Kinder ohne Hundeerfahrung. Damit ein Spiel unter Ihrer Aufsicht problemlos möglich ist, sollten Kind und Welpe unter Ihrer Anleitung lernen, respektvoll miteinander umzugehen und klare Spielregeln einzuhalten. Grundsätzlich ist es eine grosse Herausforderung, einen Welpen zu betreuen, wenn man selbst noch Kleinkinder hat. Dies sollte man sich vor der Übernahme eines Welpen gut überlegen – manchmal ist es besser, noch etwas zu warten, bis auch das kleinste Kind aus dem Gröbsten herausgewachsen ist.

Prägungsspieltage

Eine gute Lerngelegenheit für die ganze Familie ist der Besuch von kompetent geführten Prägungsspieltagen. Spielerisch können Sie und Ihre Kinder unter fachgerechter Anleitung den richtigen Umgang mit dem Welpen erlernen. Gegenüber dem Welpen sollte sein Fürsorgegarant die führende Rolle übernehmen. Wurde eine ausreichende Vertrauensbasis bereits zu Hause aufgebaut, ist er in der Lage, den Welpen bei der Überwindung von momentanen Schwachpunkten zu unterstützen. Auch die Anbahnung der Erziehung kann situationsgerecht wahrgenommen werden. Für die Betreuung der Kinder sollte ebenfalls eine ihnen vertraute Person mit dabei sein. Sie kann gemeinsam mit den Kindern am Geschehen teilnehmen und sich um ihre Bedürfnisse und Aufsicht kümmern.

Verständnis, Vertrauen, Kommunikation

Zeigen Sie dem kleinen Kind in verständnisvollen Schritten, wie es den Welpen anfassen darf. Es soll die Gelegenheit erhalten, zu lernen, dass es keine Angst haben muss, wenn der Welpe ihm die Hände beschnuppert oder über die Finger schleckt. Erklären Sie dem Kind auch, dass der Welpe nicht ständig beschäftigt (oder gar belästigt) werden soll. Versteht es das noch nicht, ist es eine organisatorische Aufgabe, für ausreichende Ruhephasen beiderseits zu sorgen. Dies kann beispielsweise geschehen, indem Sie mit dem Kind etwas konzentriert spielen oder basteln, währenddem der Welpe in Ihrer Nähe, jedoch auf seinem Platz einen Kauknochen kauen darf. Ein Kind, das schon spricht, wird wahrscheinlich bald die Hörzeichen von

Ihnen übernehmen. Es sollte jedoch lernen, dass diese Hörzeichen nicht permanent und in jeder beliebigen Situation angewendet werden dürfen. Der Welpe ist ja auch gerade erst dabei diese zu erlernen und würde wahrscheinlich bald nicht mehr darauf hören. Zudem darf das Kind den Welpen auch nicht «herumbefehlen».

Natürlich muss auch der Welpe von Anfang an in gewisse Verhaltensregeln eingeführt werden. Es ist wichtig, in den Ausführungen klar und konsequent zu sein. Wenn etwas nicht erwünscht ist, darf man es nicht durchgehen lassen, sondern muss von Anfang an eingreifen. Streckt der Welpe dem Kind die Nase ins Gesicht, können Sie ihm mit dem Über-den-Fang-Griff den Kopf wegdrehen und dabei deutlich ein Hörzeichen verwenden, wie etwa: «Pfui» oder «Nein». Ist dies für den Welpen zu wenig deutlich, disziplinieren Sie ihn, indem Sie ihn kurz am Nackenfell packen oder sogar in die Rückenlage drehen. Wenn der Welpe jedoch immer ein sehr hohes Interesse am Kind hat und dieses kaum in Ruhe lässt, ist es besser, den Welpen abzulenken und ihm eine Alternativbeschäftigung zu bieten, anstatt zu disziplinieren. Keine leichte Aufgabe für Sie, hier die Balance zu halten und auf beiden Seiten konsequent zu sein. Für Kind und Welpe ist es jedoch wichtig, in Ihrem Beisein einen gemeinsamen Weg zu finden.

Konnte der Welpe Vertrauen zu seiner Hauptbezugsperson aufbauen, können die Kinder schrittweise in den Umgang mit dem Welpen miteinbezogen werden.

Heraufstehen

Heraufstehen kann ein Betreuungsappell sein. Der Welpe sollte daher nicht ignoriert werden. Trotzdem ist es nötig, das Heraufstehen an allen Personen speziell bei einem «Kinderhund» konsequent abzugewöhnen. Stellen Sie den Welpen auf seine vier Pfoten zurück, wenn er an Ihnen oder einem Kind hochsteht, und erwidern Sie die Kontaktaufnahme des Welpen in der Hocke – auch hier darauf achten, dass die vier Pfoten am Boden bleiben. Dies muss jedes Mal und unmittelbar im Moment des Heraufstehens erfolgen. Ein Hörzeichen, wie ein ruhiges, aber ernstes «Runter», kann dabei eingeflochten werden. Andere erwachsene Personen können bei der Kontaktaufnahme in gleicher Weise verfahren. Es liegt in Ihrer Verantwortung, dies auch Ihrem Gegenüber freundlich verständlich zu machen, da man immer wieder Leuten begegnet, denen es nichts ausmacht ... solange die Pfoten sauber sind und der Hund noch keine zwanzig Kilogramm wiegt! Wenn immer möglich, ist es am idealsten, wenn der Welpe gleich schon in der Hocke empfangen wird und so das Heraufstehen gar

nicht erst provoziert wird. Grobheiten wie das Anheben des Knies sind für den Welpen gefährlich (Schlag in die Brust oder auf den Kopf) und völlig unverständlich. Bei einem Welpen, der sehr quirlig ist, kann man sich im Stehen seitlich abdrehen und sich ihm in der Hocke wieder zuwenden.
⇒ *Siehe auch «Warum steht der Welpe an allen Leuten hoch?», Seite 78*

Kinder mit Esswaren

Achten Sie darauf, dass das Kind nicht herumläuft und isst, währenddem der Welpe dabei ist. Schnell hat der kleine Hund begriffen, wie einfach er dem Kind das Brötchen wegschnappen kann. Er wird das Kind mit seinen Esswaren nicht mehr aus den Augen lassen. Hält dieses dann seinen «Znüni» in die Höhe, stösst der Welpe das Kind leicht um. Dabei belohnt sich seine Aktion gleich selbst, indem er an das Essbare gelangt. Lehren Sie Ihr Kind, zum Essen an den Tisch zu sitzen und den Welpen nicht zu füttern. Der Welpe seinerseits soll lernen, auf einem ihm zugewiesenen Platz etwas abseits vom Tisch zu bleiben, wenn die Familie am Essen ist. Bei fremden Kindern, die beispielsweise mit einem Eis in der Hand herumspazieren, liegt es an Ihnen als Welpenbesitzer, den Welpen vom Kind fernzuhalten. Wenn dies im Bekanntenkreis ist, können die Eltern des Kindes ihren Beitrag leisten, indem sie das Kind mit Ruhe und Konsequenz anleiten, wie es sich in Gegenwart des Welpen verhalten soll.

Um Probleme zu vermeiden, sollten kleine Kinder im Beisein von Hunden nicht mit Esswaren herumlaufen.

Vorbereitung zum gemeinsamen Spiel

Schon ältere, gewandte Kinder, die sich angstfrei mit dem Welpen beschäftigen können, kann man lehren, mit einem Hundespielzeug umzugehen. Zu Beginn sollte dies als «Trockenübung» gemacht werden, ohne dass der Welpe gleich mitspielt. Andersherum sollte der Welpe das Hörzeichen zum Ausgeben des Spielzeuges zuverlässig befolgen, bevor ein Spiel mit dem Kind zu verantworten ist. Die Bezugspersonen von Kind und Hund sollten sich für diese anspruchsvollen Übungen genügend Zeit nehmen. Doch auch wenn die beiden ihre Aufgaben beherrschen, ist es nötig dabei zu bleiben und die Kontrolle zu behalten. Sie sollten jederzeit eingreifen können und ein Spiel abbrechen, wenn es zu heftig wird. Trotz aller Vorsicht, ist eine Überbehütung von Kind und Welpe zu vermeiden, um die positive Grundstimmung der beiden Spielpartner nicht zu beeinträchtigen.

Aggressionen aus Unsicherheit

Es erfordert eine natürliche erzieherische Autorität dem Kind gegenüber, eingreifen zu können, damit die Situation nicht ausser Rand und Band gerät. Kind wie Hund können aus der Übererregung und unterschwelligen Unsicherheit mit aggressionsgetöntem, rüpelhaftem gegenseitigen Umgang reagieren. Beim Kind könnte dies etwa Schlagen oder Kneifen des Welpen sein. Beim Welpen Schnappen, Knurren oder Anrempeln des Kindes. Diese Reaktionen lassen darauf schliessen, dass beide mit der Situation – auch mit dem «Spiel» – überfordert sind, und im Versteckten findet dabei ein nicht unbedeutender Lernvorgang statt: Der Welpe ist überfordert, verängstigt und strebt nach Dominanz. Gelingt ihm das, indem das Kind eingeschüchtert wird, könnte dies als Erfolg verbucht werden. Daraus könnte der Welpe lernen, dieses Register in ähnlichen Situationen häufiger zu ziehen. Vermeiden Sie solch unerwünschte Lerneffekte sowie auch Unfälle und schlechte Erfahrungen bei Kind und Welpe. Steuern Sie das Geschehen und beenden Sie das Spiel immer, bevor es zu solchen Situationen kommt!

Damit negative Erfahrungen und ungünstige Lerneffekte vermieden werden können, brauchen sowohl das Kind als auch der Welpe die Unterstützung der jeweiligen Bezugsperson.

Hinterherrennen

Eine der häufigsten, problematischen Situationen ist, wenn der Welpe einem fremden Kind hinterherrennt. Das Kind möchte gerne mit dem Welpen spielen oder ihn streicheln, sobald dieser aber auf das Kind zukommt, bekommt es Angst und rennt weg. Dabei nimmt das Kind meistens die Arme hoch und schreit. Eine spannende und animierende Situation für den Welpen, auf die er mit Interesse reagiert und «mitmacht». Das Kind muss in diesem Zusammenhang lernen, stehen zu bleiben und nicht zu schreien. Das kann es aber nur, wenn eine vertraute Person ihm die nötige Sicherheit vermittelt. Dabei sollte diese Person das Kind zwar vor allzu ungestümen, neugierigen Szenarien des Welpen schützen, es jedoch nicht überbehüten. Vielmehr sollte es im Bestreben aller Beteiligten sein, eine ruhige Kontaktaufnahme zwischen Kind und Welpe möglich zu machen.

Wenn Kind und Welpe gemeinsam positive Erfahrungen sammeln können, lernen sie miteinander zu kommunizieren. Dabei brauchen aber auch beide die Unterstützung ihrer Bezugspersonen, um die Regeln im zwischenartlichen Bereich zu erlernen.

Hundespiel-Übung mit dem Kind

Erklären Sie dem Kind, wie es mit dem Welpen umgehen muss. Es soll möglichst ruhig bleiben, darf den Welpen nicht necken oder in Bedrängnis bringen. Zeigen Sie dem Kind, wie es das Hundespielzeug halten muss, und lehren Sie es, das Spielzeug wegzuwerfen. Für Kinder kann dies eine schwierige Aufgabe sein, lassen Sie ihm Zeit, zusammen mit Ihnen dies zu üben. Zeigen Sie Ihrem Kind auch, dass es das Spielzeug nicht über den Kopf halten, sondern die Hände unten lassen soll. Erklären Sie dem Kind, warum es nur unter Ihrer Aufsicht mit dem Welpen spielen und nur das spezielle Hundespielzeug verwendet werden darf. Seine eigenen Spielsachen sollte es lieber wegräumen, damit der kleine Hund auch nicht in Versuchung gerät, mit diesen Sachen zu spielen und diese zu zerbeissen. Klären Sie das Kind aber auch darüber auf, dass ein Hund nicht so denkt wie wir. Es soll wissen, dass dem Welpen keine Schuld zugewiesen werden kann, wenn trotzdem einmal die Spielzeuge

Vermitteln Sie dem Welpen – aber auch dem Kind – klar, wenn ein Verhalten unerwünscht ist. Beide müssen in verständnisvollen Schritten lernen, miteinander umzugehen.

verwechselt wurden. Je mehr Ihr Kind, seinen altersgemässen Anforderungen entsprechend, in die Hundehaltung miteinbezogen wird, desto eher wird es den korrekten Umgang mit ihm lernen können.

«Aus»-Übung mit dem Welpen

Der Welpe im Kinderhaushalt muss lernen, dass er keine Teddybären oder andere Kinderspielsachen aufnehmen darf. Leiten Sie ihn an, auf ein Hörzeichen Gegenstände «aus» zu geben. Arrangieren Sie die Lernsituation zum Beispiel wie folgt: Halten Sie das Spielzeug an einem Ende (z. B. ein Ball an einem kurzen Seil) und animieren Sie den Welpen, das andere Ende in den Fang zu nehmen. Bleiben Sie dann ruhig stehen und greifen Sie mit der freien Hand über den Fang des Welpen. Nehmen Sie das Spielzeug aus seinem Maul und sagen Sie dabei Ihr Hörzeichen für das Auslassen, z. B. «Aus!» Belohnen Sie den Welpen mit einem Futterstück oder indem Sie mit einem anderen Spielzeug weiterspielen. Wir nennen diese Übung auch Beutetausch. Damit können Sie Kinderspielzeug oder andere Gegenstände, die der Welpe aufgenommen hat, wieder an sich nehmen.

Sie werden bald herausfinden, wo und wie der Welpe gerne ruht ... nur auf dem Sofa sollte er sich nicht einrichten, da die besten Plätze den Ranghöheren gehören sollen. Setzen Sie sich zum genüsslichen, vertrauten Fellkraulen und Bäuchlein massieren dafür öfters zu Ihrem Welpen auf den Liegeplatz, dann stimmt es für alle!

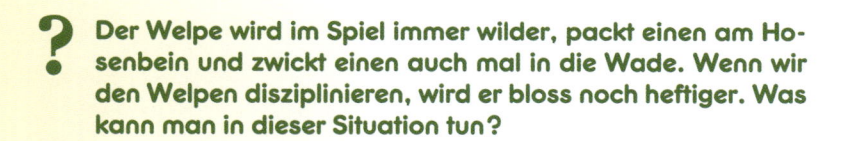

? **Der Welpe wird im Spiel immer wilder, packt einen am Hosenbein und zwickt einen auch mal in die Wade. Wenn wir den Welpen disziplinieren, wird er bloss noch heftiger. Was kann man in dieser Situation tun?**

Achten Sie ganz allgemein darauf, den Welpen nicht aufzuziehen. Denn meistens lassen sich mit einem ruhigeren Umgang, gekoppelt mit ausreichender Beschäftigung und Bewegung auf Spaziergängen, solche und ähnliche Probleme regeln. Trotzdem gibt es Situationen, in denen man dem Welpen vermitteln muss, dass ein Verhalten unerwünscht ist. Es ist zwar nicht einfach für uns, einen Welpen, ausgestattet mit seinem Kindchenschema, ernsthaft zu disziplinieren. Aber es ist notwendig, frühzeitig erzieherische Aspekte wahrzunehmen, damit der Welpe lernen kann, wo die Grenzen sind und wie er sich in gewünschter Weise verhalten kann. Bleiben Sie bei einer nötigen Disziplinierung ruhig, aber ernsthaft, damit der Welpe eindeutig versteht, wie Sie es meinen.

Disziplinieren im richtigen Augenblick

Grundsätzlich sollte eine Disziplinierung von einer Bezugsperson (anfänglich vom Fürsorgegaranten) durchgeführt werden. Eine effektive Wirkung kann nur erfolgen, wenn die Bindung schon ausreichend gereift ist, da dem Welpen dann etwas an Ihrer Gunst oder eben Ungunst liegt. Ist dies nicht der Fall, kann eine Disziplinierung sogar vertrauensschädigend wirken und den Welpen verunsichern. Meistens ist die Disziplinierung allerdings einfach nicht im richtigen Augenblick, nicht korrekt angewandt oder ohne Ernsthaftigkeit durchgeführt worden. Wenn Ihr Welpe erneut in Ihr Hosenbein beisst, erfassen Sie ihn unmittelbar im Moment des «Angriffes» am Nackenfell, sagen Sie in diesem Moment ruhig, aber bestimmt das Hörzeichen, z. B. «Nein», und legen Sie den Welpen auf den Rücken. Halten Sie den Welpen in dieser Position, bis er sich ruhig verhält und den Blick von Ihnen abwendet. Ihr ganzes Ausdrucksverhalten ist daran beteiligt, wie ernst der Welpe Sie nimmt. Achten Sie darauf, dass Sie aus Ihrem Bauch heraus und mit Ihrer ganzen Mimik ein klares «Nein!» sprechen. Ohne dabei wütend oder hektisch zu werden. Lassen Sie den Welpen daraufhin aufstehen und gehen Sie nicht gleich wieder auf den Welpen ein.

Ignorieren eines Verhaltens

Ein unerwünschtes Verhalten kann beispielsweise auch durch konsequentes Ignorieren abklingen oder sogar eingestellt werden. Dies ist ein natürliches Lernprinzip: Der Welpe probiert etwas aus. Hat es einen Nutzen oder bringt die gewünschte Aufmerksamkeit, wird das Verhalten beibehalten. Wenn nicht, legt er es wieder ab. In der Erziehung kann das Ignorieren als Disziplinierung nicht eingesetzt werden, wenn das, was der Welpe gerade tut, selbstbelohnend ist. Es nützt nichts, das Verhalten des Welpen zu ignorieren, wenn er beispielsweise etwas Essbares klaut oder eine Katze davonjagt, da diese Handlungen einen belohnenden Effekt in sich tragen und den Welpen damit animieren, es wieder zu tun! Wenn der Welpe aber in Ihr Hosenbein zwickt und Sie sich überhaupt nichts anmerken lassen – auch nicht, indem Sie den Welpen ansehen –, kann es sein, dass er das Verhalten nach einigen Versuchen einstellt, weil es wirkungslos ist. Dies muss aber sehr konsequent geschehen, es darf keine Ausnahme geben, bei der Sie

doch eine Reaktion zeigen ... ignorieren Sie das Verhalten also auch, wenn der Welpe an Ihren «Sonntagshosen» zupft!
⇒ *Siehe auch «Disziplinieren – Zurechtweisen», Seite 21*

Wenn alles nichts nützt

Nützt eine richtig ausgeführte Disziplinierung nichts, liegen möglicherweise tiefere Bindungsprobleme vor. Es braucht eine soziale Verbundenheit, damit es den Welpen beeindruckt, dass Sie nicht mit seinem Verhalten einverstanden sind. Wenn Sie aber keine bedeutungsvolle Rolle in seinem Leben einnehmen, dann hat auch Ihre korrekte Disziplinierung wenig Aussagekraft im Empfinden des Welpen. Meistens treten parallel dazu auch weitere Probleme im Umgang mit dem Welpen auf. Besitzer und Welpe sind womöglich mit ihren Aufgaben überfordert. Wenn dies bei Ihnen der Fall ist, dürfen Sie nicht die Augen verschliessen. Wenden Sie sich an die Leitung von kompetent geführten Prägungsspieltagen oder Junghundekursen. Dort sollte man sich Zeit nehmen, mit Ihnen Ihre Situation anzuschauen, und daraufhin ausreichend Hilfestellung bieten.

Die kräftigen Zähne eines ausgewachsenen Hundes dürften eindrücklich erkennen lassen, wie wichtig eine ausgeprägte Beisshemmung im Ernstfall ist.

Überforderung

Beobachten Sie die Konfliktreaktionen des Welpen während dem Spiel. Meistens können Sie erkennen, dass je heftiger der Welpe wird, desto gehäufter treten Konfliktreaktionen auf. Dies ist ein Warnsignal für uns, denn salvenartig auftretende und anhaltende Konfliktreaktionen lassen darauf schliessen, dass der Welpe überfordert ist. Aus dem Spiel ist Ernst geworden. Die innere Voraussetzung, die gelöste Stimmung, die ein Spiel möglich macht, ist Anspannung, Unsicherheit oder Angst gewichen. Im Spiel wird viel gelernt, z. B. Kommunikation und Sozialverhalten. Vielleicht kam der Welpe mit den vielen neuen Eindrücken im Spiel mit Ihnen, einem so andersartigen Partner, nicht mehr zurecht. Damit nahm seine Aggression durch die aufsteigende Unsicherheit zu. Beim nächsten Spiel sollten Sie Ihren Welpen gut beobachten. Steigt der Erregungspegel, nimmt der Aggressionsanteil zu oder Konfliktreaktionen treten gehäuft auf, dann sollten Sie das Spiel herunterfahren. Werden Sie ruhiger, lassen Sie den Welpen auch einmal gewinnen und bauen Sie Pausen in das Spiel ein. Vermeiden Sie eine Überflutung mit Reizen und verwenden Sie daher keine Spielzeuge, die rasseln oder anderen Lärm erzeugen.
⇒ *Siehe auch «Übermütig – wie ein junger Hund», Seite 132*

? Ein Teilnehmer an den Prägungsspieltagen krempelt die Ärmel zurück: «Mein Welpe beisst mir jeweils spielerisch und manchmal unsanft in den Arm. Mir machen die vielen kleinen Narben nichts aus und die Schmerzen sind nicht schlimm. Meine Frau und die Kinder haben jedoch Angst, dass der Welpe sie beissen könnte. Kann der Welpe unterscheiden, mit wem er spielt?»

Nicht, dass ein Welpe nicht unterscheiden könnte, mit welcher Person er spielt. Es macht aber keinen Sinn, seine Beisshemmung deswegen unzureichend einzuüben. Jeder Hund, der sich in unserer Gesellschaft bewegt, sollte seinen Sozialpartnern – sei dies einem Menschen oder einem Hund – mit einer möglichst ausgeprägten Beisshemmung begegnen. Dies muss der Welpe im jungen Alter lernen. Beissen Sie also nicht länger die Zähne zusammen, sondern lehren Sie den Welpen, wie er als erwachsener Hund mit unserer Haut umgehen muss.

Gezieltes und kontrolliertes Einüben der Beisshemmung:

Beisshemmung unter Welpen

Die Beisshemmung des Hundes hat normalerweise einen angeborenen Anteil, muss aber durch Lernen vervollständigt werden. Bereits im Wurf wird bei gesunden und normal veranlagten Welpen im gemeinsamen Spiel die Beisshemmung eingeübt. In den Prägungsspieltagen wird diese Vorerfahrung noch weiter ausgebaut. Während dem Spielen mit einem ebenbürtigen Partner lernen die Welpen schnell, wie stark sie bei ihrem Gegenüber zubeissen dürfen. Der wollige Berner Sennenhund-Welpe kann einiges vertragen, denn sein «Pelz» schützt ihn gut. Der Dalmatiner-Welpe hingegen hat nur ein dünnes Fell über der Haut und sein Spielpartner muss entsprechend sensibel darauf eingehen. Trotzdem sind aber Hunde untereinander noch recht viel rauer, als sie es bei uns Menschen sein dürfen. Wo ein Welpe einen Kratzer problemlos wegsteckt, ist es nicht in unserem Sinne, wenn unsere Arme und Beine mit kleinen Wunden übersät sind.

Wie stark zugebissen werden darf, lernt der normal veranlagte Welpe aus der Reaktion seines Sozialpartners.

Beisshemmung gegenüber Menschen

Hat der Welpe keine Angst vor Menschen und darüber hinaus eine ausreichend angebahnte Bindung zu seiner Hauptbezugsperson, kann die Beiss-

hemmung meist problemlos geübt werden. Ziehen Sie keine Handschuhe an, sondern bieten Sie dem Welpen Gelegenheit, mit unserer Haut Kontakt aufzunehmen. Seien Sie lieber etwas übersensibel, damit der Welpe lernen kann, dass er uns mit den Zähnen nur sachte berühren darf.
⇒ Siehe auch «Spielen ohne Spielzeug», Seite 20

Kontrollierte Übung in der entspannten Rückenlage

Bestimmt hat Ihr Welpe auch schon in der gemütlichen Stube von sich aus sich wohlig auf den Rücken gedreht, um sich streicheln zu lassen. Nun können Sie den Welpen in einer genauso entspannten Situation auch einmal von Ihnen aus auf den Rücken rollen. Wenn Sie Ihren Welpen zwanglos auf den Rücken drehen können und er entspannt geniesst, dass Sie seinen Bauch kraulen, darf dies als Zeichen für sein Vertrauen aufgefasst werden. Es ist keine Disziplinierung! Denn nur bei einem vertrauten Sozialpartner (das kann auch ein anderer Welpe oder Hund sein), vor dem sich der Welpe nicht fürchtet, kann der Welpe völlig angstfrei und entspannt die Fürsorge in der Rückenlage geniessen. Zur Einübung der Beisshemmung, können Sie in dieser Position dem Welpen die flache Hand in den Fang geben. Wenn Sie dabei die spitzen Welpenzähne nur ganz leicht spüren, ist das in Ordnung. Beisst der Welpe jedoch etwas stärker zu, auch wenn es Ihnen nicht wirklich wehtut, schreien Sie in hoher Tonlage auf: «Au!» Lässt der Welpe darauf aus und berührt die Haut mit den Zähnen sensibler, hat er korrekt reagiert. Der Welpe wusste noch nicht, wie er mit unserer Haut umgehen muss, und hat gerade einen ersten Schritt in diese Richtung gelernt.

Möglicherweise wehrt sich Ihr Welpe, wenn Sie ihn auf den Rücken drehen möchten, oder klemmt den Schwanz in der Rückenlage ein. Zwingen Sie ihn auf keinen Fall, auf dem Rücken liegen zu bleiben! Dies ist ein Zeichen, dass Sie weiter am Aufbau der Bindung und damit dem Vertrauen arbeiten müssen, bevor Sie die beschriebene Übung ausführen können. Der Welpe fühlt sich womöglich bedroht und beisst aus Angst, um sich zu wehren.

Übung im Alltag und beim Spielen

Der Aufbau einer klaren Kommunikation und Rangordnung gibt dem Welpen Sicherheit und kanalisiert das angeborene Dominanzstreben. Es sind Bestandteile der angestrebten sicheren Bindung zur Hauptbezugsperson. Beisst er zu stark in Ihre Hand und reagiert nicht auf Ihren Aufschrei, disziplinieren Sie ihn sofort mit dem Über-den-Fang-Griff oder indem Sie ihn am Nackenfell packen und auf den Rücken drehen, diesmal nicht spielerisch, jetzt gilt es Ernst. Wählen Sie die Disziplinierungsform, die Ihr Welpe versteht und als solche akzeptiert. Setzen Sie sich klar und deutlich

Spitze Welpenzähne

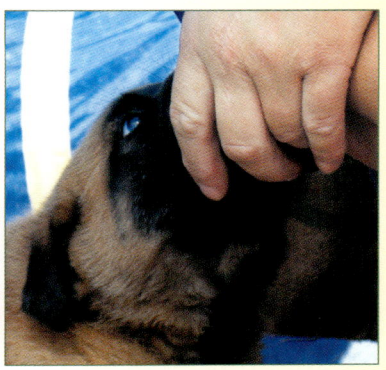

Um einen Welpen zu disziplinieren, ist es von Vorteil, eine möglichst artgerechte Ausdrucksform zu wählen. Den «Über-den-Fang-Griff» kann man gelegentlich auch bei Mutterhündinnen beobachten, die ihren Welpen Einhalt gebieten.

durch. Wird der Welpe immer wilder und ist kaum mehr zu bändigen, brechen Sie das Spiel sofort ab. Stehen Sie auf oder drehen Sie sich um und ignorieren das Verhalten des Welpen. Werfen Sie keinen Blick zurück, auch wenn der Welpe an den Fransen des Teppichs zieht. Wenn keine Reaktion mehr folgt, was manchmal etwas Geduld und Selbstdisziplin erfordert, dürfte es dem Welpen bald auch keinen Spass mehr machen und er beruhigt sich wieder. Auf diese Art kann der Welpe lernen, dass es auch im Spiel Grenzen gibt, die nicht überschritten werden dürfen.

Ruhe ins Spiel bringen

Achten Sie beim nächsten Spiel aber auch darauf, den Welpen nicht mehr so stark aufzuziehen. Bei Welpen, die dazu neigen, rau und aggressiv zu spielen, sollten wilde Zerrspiele vermieden werden. Bevorzugen Sie lustvolle, aber weniger heftige Spiele. Gehen Sie mit diesem Welpen öfters auf spannende, konzentrierte Entdeckungsreisen.

Kein Quietschspielzeug

Spielsachen, die beim Draufdrücken und Reinbeissen Quietschlaute erzeugen, sind für Welpen nicht geeignet. Im Spiel mit Quietschspielzeug lehrt man den Welpen, sobald der hohe Laut ertönt, wieder draufloszugehen und reinzubeissen. Eine womöglich verheerende Fehlverknüpfung! Im Sozialspiel und dem Einüben der Beisshemmung soll der Welpe unverzüglich auslassen und seine Bissstärke reduzieren, sobald der Spielpartner jault oder aufschreit.

⇒ Siehe auch «Umgang mit Spielzeug», Seite 20

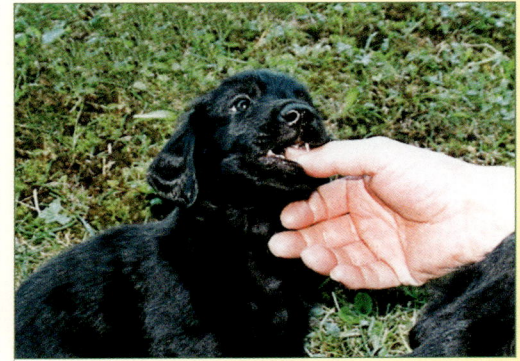

Lehren Sie den Welpen von Anfang an, feinfühlig mit unserer Haut umzugehen. Sei dies bei einer dazu arrangierten Übung, im gemeinsamen Spiel oder in alltäglichen Situationen.

Übermütig – wie ein junger Hund

Ein Welpe, bei dem rundum alles stimmt, ist neugierig, lebenslustig und manchmal auch übermütig. Sein Tatendrang steigt mit jeder positiven Erfahrung und mit jeder erfolgreich gemeisterten Herausforderung. Dieses Verhalten ist natürlich, denn für den Welpen ist seine Neugierde der innere Antrieb zum Lernen. Dabei erwirbt er Strategien, um verschiedenste Situationen zu bewältigen. Was aber, wenn der Welpe kaum mehr zu stoppen ist und er keine Grenzen zu kennen scheint?

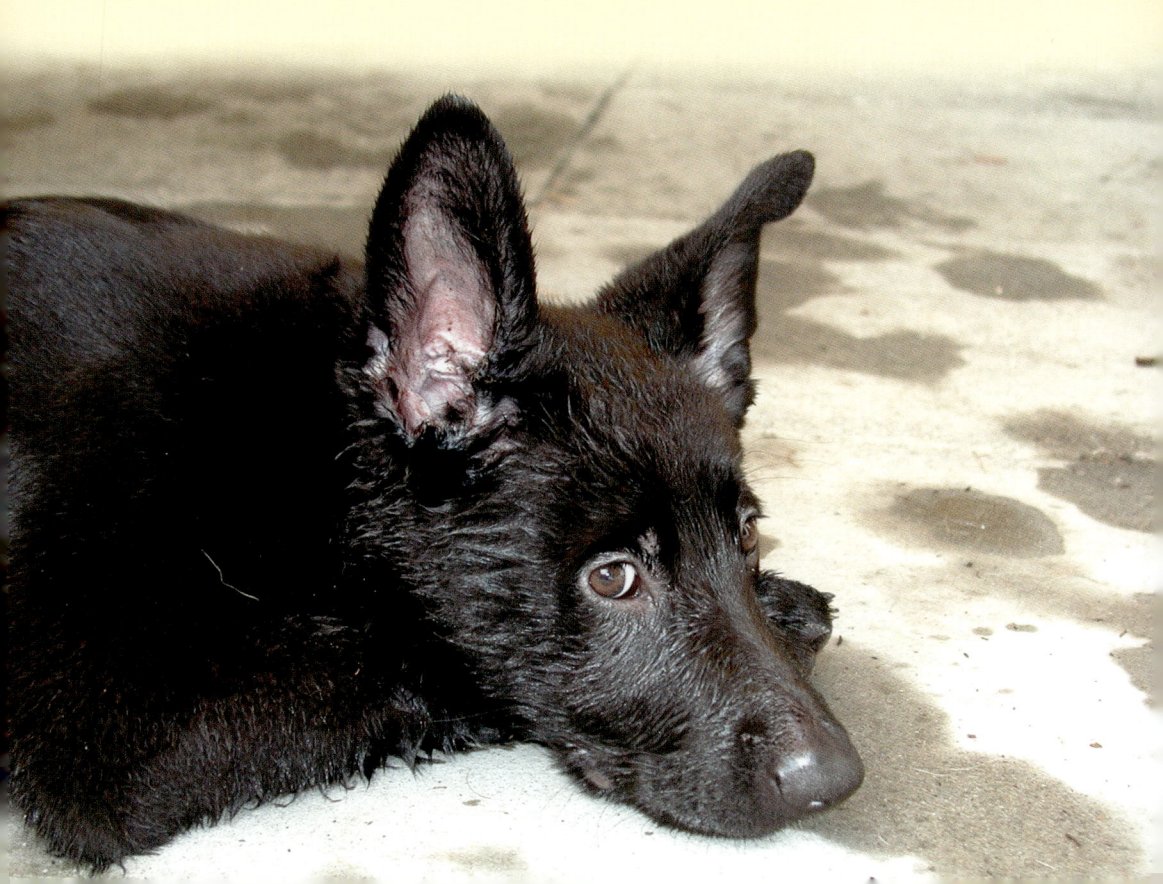

In diesem Kapitel wird an verschiedenen Beispielen erklärt, wie Sie durch genaues Beobachten Ihres Welpen sein Verhalten besser deuten und richtig darauf reagieren können. Es ist dabei besonders wichtig, zu erkennen, dass viele problematische Verhaltensweisen des Welpen aus einer Über- oder Unterforderung entstehen. Mit diesem Verständnis lässt sich unerwünschtes oder sogar gefährliches Verhalten des Hundes in vielen Fällen vermeiden. Einem sehr feinfühligen Beobachter wird es gelingen, schon die Vorzeichen zu erkennen und damit das unerwünschte Verhalten des Welpen und die dahintersteckenden Probleme gar nicht erst aufkommen zu lassen.

? Unser Welpe hat ab und zu seine «schwachen fünf Minuten». Er rast dabei wild durch die Wohnung. Schnappt sich dabei auch mal einen Schuh, bringt Pflanzentöpfe zu Fall oder springt auf das Sofa. Schimpft man den Welpen in diesem Moment, zieht ihn das noch mehr auf. Ist solches Verhalten normal?
Wie kann man dem Welpen Einhalt gebieten?

Dass ein Welpe übermütig ist, voller Tatendrang und dabei auch mal seine Grenzen austestet, ist durchaus normal. Um dies von einem Problemverhalten zu unterscheiden, ist es in erster Linie wichtig, dass die Bindung zum Fürsorgegaranten schon ausreichend sicher herangereift ist. In zweiter Linie muss selbstverständlich auch für ausreichende Bewegung, Beschäftigung und für kontrollierte Kaumöglichkeiten* gesorgt werden. Gerade bei sehr temperamentvollen Welpen sollten Sie überdenken, ob den Ansprüchen der Beschäftigung wirklich in ausreichendem Mass Rechnung getragen wird!
*⇒ Siehe auch «... durch den Magen», Seite 90

Eine ständige Über- oder Unterforderung des Welpen stört sein inneres Gleichgewicht und führt zu massiven Problemen. Es ist daher wichtig, dass Sie Ihren Welpen angemessen beschäftigen (hier am Beispiel der Nasenarbeit beim Jagdgebrauchshundewelpen).

Wann ist es ein Problemverhalten?

Wenn aber die Grundbedürfnisse gedeckt sind und der Welpe ungewöhnlich rüpelhaft herumrennt, kann ein Problem dahinterstecken, dem es auf den Grund zu gehen gilt. Häufig schlagen Ablenkungsversuche oder eine allfällige Disziplinierung fehl und lassen den Welpen nur noch wilder werden. Das ungestüme Verhalten, das von aussen betrachtet vielleicht wie ein Spiel oder ein Lausbubenstreich aussehen kann, ist eigentlich eine Konfliktreaktion. Nehmen Sie dieses Problem ernst und ergründen Sie die Ursache, damit Sie die Situation so verändern können, dass der Welpe nicht mehr in diese hohe Anspannung gerät.

Vorsicht: Keine Disziplinierung oder Beruhigung bei ängstlicher oder unsicherer Anspannung

Wenn Sie den Welpen in einer solch angespannten Situation schimpfen, bezieht er die Disziplinierung in erster Linie auf seine unsichere Gefühlslage und nicht auf sein Verhalten. Dadurch wird die Anspannung noch verstärkt und das Konfliktverhalten nimmt ebenfalls zu. Das würde heissen, er rennt noch wilder und kopfloser durch die Gegend, beisst in Gegenstände usw. Ebenso falsch wäre es aber, den Welpen in diesem Moment beruhigen zu wollen. Das gute Zureden oder Herannehmen und Streicheln würde vom Welpen als Belohnung seiner Stimmung aufgefasst. Dadurch würde seine Unsicherheit und dadurch das unerwünschte Verhalten unabsichtlich bestätigt.
⇒ *Siehe auch «Konfliktreaktionen», Seite 15*

Erfassen Sie die Gesamtsituation, um herauszufinden, ob der Welpe übermütig seine Grenzen austestet oder ob dem ungestümen Verhalten ein tieferes Problem zugrunde liegt.

Das Verhalten tritt nach dem Alleinsein auf

Tritt das Verhalten beispielsweise auf, wenn der Welpe einen Moment alleine war, deutet dies darauf hin, dass der Hintergrund des unerwünschten Verhaltens die Verlassenheitsangst ist, die der unvorbereitete Welpe während Ihrer Abwesenheit erleidet. Diese Situation muss sehr ernst genommen werden! Üben Sie das Alleinsein erst, wenn der Welpe allgemeines Vertrauen in das Zuhause und den Fürsorgegaranten gewinnen konnte, und gehen Sie es in kleinen Schritten an.
⇒ *Siehe auch «Alleinsein», Seite 13*

Was ist passiert und was können Sie tun?

In den folgenden zwei Beispielen erfahren Sie, wie Sie sich gegenüber dem Welpen verhalten können, um ihm aus einer solchen Konfliktsituation zu helfen. Wichtig ist dabei, dass Sie den Hintergrund erkennen und die Situation fortan so verändern, dass der Welpe nicht mehr überfordert wird. Das «übermässige wilde Herumrennen» oder auch das «vermeintliche Spielverhalten» wird damit dem normalen, manchmal vielleicht übermütigen, aber nicht mehr problembeladenen Verhalten des Welpen weichen.

Beispiel 1: Aufregung nach dem Spaziergang

Sie kommen von einem längeren Spaziergang oder einer Entdeckungsreise zusammen mit Ihrem Welpen nach Hause. Der kleine Hund dürfte rundum müde sein und sich nun in seiner vertrauten Umgebung entspannt ausruhen können. Zu Ihrem Erstaunen rast Ihr Welpe stattdessen stürmisch durch die Wohnung. Möglicherweise zeigt er zusätzlich weitere Konfliktreaktionen, wie beispielsweise in Objekte beissen, Einrichtungsgegenstände anrempeln oder bellen. Landläufig sagt man auch, der Welpe ist überdreht, was den inneren erhöhten Erregungszustand recht treffend beschreibt.

Das Problem mit nach Hause genommen

Mögliche Gründe für diese Anspannung können vorangegangene Erlebnisse sein, die den Welpen überforderten. Obwohl man nun wieder zu Hause angekommen ist, trägt der Welpe die negative Stimmungslage möglicherweise noch immer in sich, da er die Situation innerlich nicht bewältigen konnte. Vielleicht haben Sie sich etwas zu viel vorgenommen und den Welpen unabsichtlich mit den vielen neuen Eindrücken überwältigt. Beim nächsten Mal sollten die Anforderungen daher zurückgefahren werden. Planen Sie Erkundungstouren, die dem Entwicklungsstand des Welpen angepasst sind, und erhöhen Sie die Herausforderungen in kleinen Schritten.

Wenn der Welpe unverarbeitete Eindrücke mit nach Hause nimmt, kann es trotz physischer Müdigkeit zu einer Überreaktion kommen. Sie ist Zeichen eines inneren Konfliktes und zeigt deutlich, dass die Anforderungen zu hoch waren.

Die Situation entspannen

Bleiben Sie selbst ruhig und versuchen Sie, die Aufmerksamkeit des Welpen auf sich zu lenken. Es braucht etwas Fingerspitzengefühl, sich so spannend zu machen, dass der Welpe anspricht, nicht aber noch mehr aufdreht. Manchmal reicht es, den Welpen in einer interessanten Stimmlage anzusprechen oder in ein anderes Zimmer zu verschwinden, währenddem man anregend spricht, als hätte man gerade etwas Tolles gefunden. Vielleicht finden Sie auch ein Stück zusammengeknülltes Papier oder etwas Ähnliches, mit dem Sie sich beschäftigen und attraktive, jedoch nicht laute erschreckende Geräusche machen können. Spricht der Welpe darauf an, darf er Ihren Gegenstand erkunden. Entspannt er sich, dürfte sich bald seine eigentliche Müdigkeit melden, und wenn ihm die Augen zufallen, wäre es schön, wenn Sie ihm noch eine Weile Körperkontakt bieten und bei ihm

Kommt der Welpe langsam zur Ruhe, bleiben Sie noch eine Weile bei ihm und lassen Sie ihn bei sich anlehnen, bis er sich wohlig entspannt hat.

sitzen bleiben. Dies gibt ihm die tiefe innere Sicherheit zurück, die er braucht, um neue Taten in Angriff zu nehmen.

Der Welpe ist nicht ablenkbar

Sollte der Welpe jedoch so befangen sein, dass man seine Stimmung kaum beeinflussen kann, so setzen Sie sich auf einen Sessel oder Stuhl im gleichen Raum. Nehmen Sie sich etwas zu lesen in die Hand und reagieren Sie nicht mehr auf das unerwünschte Verhalten Ihres Welpen. Schauen Sie nicht auf und sprechen Sie ihn nicht an, atmen Sie stattdessen tief durch und bleiben Sie gefasst, bis sich der Welpe beruhigt und entspannt hat. Kann dies aus wohntechnischen Gründen nicht getan werden, können Sie mit dem Welpen nach draussen gehen – bei dieser Aufregung wird er sich wahrscheinlich sowieso versäubern müssen. Das Verändern der Räumlichkeiten kann bereits einen Stimmungsumschwung und damit eine innere Entspannung zur Folge haben. Lassen Sie den Welpen einen Moment herumschnüffeln und sein Geschäft verrichten, bevor Sie ruhig wieder ins Haus gehen. Lenken Sie die Aufmerksamkeit des Welpen auf sich und setzen Sie sich zu ihm auf den Boden. Nach wenigen Minuten dürfte nun Ruhe einkehren und der Welpe schläft an Ihrer Seite ein.

Beispiel 2: Der Welpe möchte Aufmerksamkeit erregen

Es ist möglich, dass der Welpe gelernt hat, wie er Ihre Aufmerksamkeit auf sich lenken kann. Unerwünschtes Verhalten hat er damit verknüpft, dass Sie sich ihm zuwenden. Das kann einerseits geschehen, wenn der Welpe zu wenig sinnvolle Beschäftigung und Beachtung findet. Andererseits aber auch, wenn Grenzen nicht klar aufgezeigt werden, beispielsweise wenn eine angebrachte Disziplinierung (unabsichtlich) nicht mit der nötigen Ernsthaftigkeit vermittelt wird (eigentlich tut es Ihnen leid, den Welpen zu schimpfen). Der Welpe lässt sich nicht täuschen und durchschaut Sie und Ihre Gefühle bald! Daraus kann sich ein ungünstiges Spiel entwickeln: Er nagt an einem Tischbein oder zerrt an Ihrem Hosenbein und schon hat die Langeweile ein Ende. Besprechen Sie daher mit Ihrer Familie, was Ihr Welpe darf und was nicht. Setzen Sie Grenzen und vermitteln Sie diese dem Welpen klar und deutlich. Geben Sie aber auch zum Ausdruck, wenn der Welpe etwas tut, das wünschenswert ist. Begibt er sich beispielsweise selbstständig auf seinen Platz, loben Sie ihn mit der Stimme oder gehen Sie für einen Moment zu ihm, um ihm das Fell zu kraulen. Mit diesen klaren Strukturen machen Sie nicht nur sich selbst, sondern auch dem Welpen das Leben leichter. Er testet seine Grenzen aus und Sie geben ihm die nötigen Leitplanken, in denen er sich sicher und wohlbehütet bewegen kann. Darüber hinaus zeigen Sie ihm aber auch, welches Verhalten erwünscht ist und mit wohlwollender Zuwendung belohnt wird.

Alles ausser Rand und Band
Der Welpe ist nicht ablenkbar, sein Verhalten nicht zu bändigen. Er lässt sich nur ungern oder gar nicht anfassen. Er schnappt nach Familienmitgliedern, die sich ihm nähern. Sollten diese oder ähnliche Probleme auf Ihren Welpen zutreffen, liegt wahrscheinlich ein sehr tiefgreifendes Problem vor. Wenn Sie Schwierigkeiten in diesem Ausmass nicht selbstständig lösen können, sollten Sie sich an eine kompetente Fachperson wenden. Je früher, desto besser. Ein Verhalten, das sich schon längere Zeit gefestigt hat, ist schwieriger zu verändern als eines, das sich erst wenige Male oder seit kurzer Zeit zeigt.

An der Leine laufen – was steckt dahinter?

Zwei fröhliche, ungezwungene Gesichter kommen der Strasse entlang spaziert. Die Hundehalterin strahlt und führt ihren aufgestellten, wohlerzogenen Hund an der lockeren Leine. Dieser trabt aufmerksam und frohen Mutes nebenher. Hinter dieser Kulisse steckt mehr, als man annehmen würde. Die Grundlagen sollten im Welpenalter gelegt werden, um später zu einem solch harmonischen Team heranwachsen zu können.

? Was steckt eigentlich dahinter, dass so viele Hunde auch schon im Welpenalter an der Leine ziehen?

Welpen sind beinahe ständig am Lernen, auch dann, wenn wir gar nicht daran denken. Ein Hundewelpe befindet sich bis etwa zur 16. Lebenswoche in einer Phase erhöhter Lernbereitschaft. Viele Erfahrungen festigen sich stärker als später im

Leben, besonders bei mehrmaliger Wiederholung oder bei einem Erlebnis mit starker emotionaler Beteiligung. Daraus bilden sich nach und nach Verhaltensmuster und Strategien, um das Leben zu bewältigen.[1]

Der Selbstdressureffekt

Wenn wir nicht situationslenkend auf das Lerngeschehen eingehen, also nichts tun, lernt der Welpe schicksalhaft nach den gegebenen Umweltreizen und seinen individuellen Erfahrungen. Dabei kann er sich auch manche Strategie angewöhnen, die wir später als unerwünschtes Verhalten wahrnehmen. Man muss daher annehmen, dass die Art, wie man die meisten Welpen anfänglich an die Leine gewöhnt, bereits zu einer ungünstigen Verknüpfung mit dem An-der-Leine-Laufen führen kann und damit das Ziehen begünstigt.

Eine ungünstige Lernsituation

Wir stehen am Anfang des Spazierganges und leinen den Welpen an. Sobald die Leine eingeklinkt ist, lassen wir das Halsband los und der Welpe läuft «eine Leine lang» von uns weg, also so lange, bis er Druck am Hals verspürt und nicht mehr weitergehen kann. Da wir ebenfalls losgehen möchten, bewegen wir uns mit und geben ungewollt dem, anfänglich meist noch leichten, Druck nach. Ohne böse Absicht lernt der Welpe daraus, dass wir dem Druck nachgeben und er weitergehen kann.

Ein Verhaltensmuster entsteht

Der Welpe lernt nach dem natürlichen Lernprinzip: «Gleichzeitig Erlebtes und Empfundenes verknüpft sich», dies gilt für positive wie negative Erfahrungen. Bei häufiger Wiederholung entwickelt der Welpe ganz unauffällig seine eigene Strategie, mit der Situation des Leinenlaufens umzugehen: Er empfindet Druck am Hals und zieht immer weiter. Dabei erlebt er, dass er zum Erfolg kommt. Er kann seine Nase in den gewünschten Busch strecken, an

[1] Artikel «Lernen und Verhalten», Teil 5, von Dina Berlowitz und Heinz Weidt, SHM Nr. 1/03.

Vor dem Losgehen die Aufmerksamkeit des Welpen spielerisch auf sich lenken ...

An der Leine laufen

einer ausgewählten Ecke riechen oder einen vorbeigehenden Hund noch schnell begrüssen. Gewinnt der Welpe an Gewicht und Kraft, wird es uns erst richtig bewusst, denn jetzt bemerken wir, dass bald ein Besuch im Fitnessstudio nötig sein wird, wenn wir den Hund mit halbjährig noch zurückhalten wollen. Bei kleineren Hunderassen fällt dies wortwörtlich nicht so ins Gewicht und doch ist es anstrengend, wenn wir andauernd der ganzen Kraft des Hundes entgegenhalten müssen.

Wissen, und damit vorausdenken

Der Zeitpunkt ist also gekommen, an dem wir uns mit dem Laufen an der Leine befassen möchten – der Welpe (Junghund) hat dies aber bereits intensiv gemacht! Wir hinken dem Hund um Wochen, wenn nicht Monate hinterher! Nun ist das Verhalten schon so weit eintrainiert, dass es vielen Hundehaltern nur mit grossem Aufwand, viel Geduld und unter erheblichen Belastungen für alle Beteiligten gelingt, dem Hund das Ziehen an der Leine wieder vollständig abzugewöhnen. Solche «versteckten» Selbstdressureffekte, auch in anderen Bereichen der Erziehung, müssen wir durchschauen und frühzeitig in die gewünschte Richtung lenken. Der Welpe soll dabei nicht unnötig dressiert werden. Im Welpenalter geht es darum, gute solide Grundsteine für weiterführende Übungen zu legen und eine Kommunikationsebene zwischen Fürsorgegarant und Welpe zu schaffen. Auf dieser Basis kann dann im Laufe der Erziehung kontinuierlich aufgebaut werden.

... «Beisst der Welpe an», können gemeinsam im Spiel einige Schritte gemacht werden.
Wichtig, die Leine soll dabei locker durchhängen. Bei Verwicklungen anhalten, den Welpen befreien und nochmals von vorne anfangen. Verfängt sich der Welpe ständig in der Leine, kann man sie eine Öse kürzer stellen. Diese Länge soll dann jedoch immer beibehalten werden, damit der Welpe in einem weiteren Schritt lernen kann, welchen Bewegungsradius ihm die lockere Leine gibt. Klappt das spielerische Gehen schon gut, kann man aus dem Spiel heraus das Spielzeug für kurze Zeit hochnehmen. Diese Spannung mit Hilfe der Stimme und eventuell mit Blickkontakt für einige Schritte halten und daraufhin wieder in ein Spiel übergehen.

? Mein Welpe reagiert abwehrend, wenn ich ihm das Halsband anziehen will oder die Leine einklinke. Wie können wir ihm zeigen, dass nichts Schlimmes passiert?

Unser Welpe kommt schön mit auf den Spaziergang. Sobald wir ihn jedoch an die Leine nehmen, will er entweder nicht mehr weitergehen, versucht rückwärts aus dem Halsband zu schlüpfen oder wehrt sich gegen die Leine. Wie kann er lernen, entspannt an der Leine zu gehen?

Es ist ein spezielles Gefühl, plötzlich mechanisch mit jemandem verbunden zu sein, und aus der Sicht des Welpen verändert sich einiges. Er kann Situationen nicht mehr ausweichen und bei Gefahr nicht mehr flüchten. Der Erkundungsradius wird ebenfalls auf ein Minimum beschränkt und bei sozialen Kontakten kann das übliche Kommunikationsrepertoire nur noch begrenzt eingesetzt werden. Für den Welpen ist es daher sehr wichtig, Vertrauen in die Person zu haben, mit der er an der Leine verbunden ist. Während den ersten Wochen nach der Übernahme des Welpen sollte diese Aufgabe hauptsächlich sein Fürsorgegarant wahrnehmen.

Gewöhnung an das Halsband

Ziehen Sie dem Welpen das Halsband in Ruhe an. Sollte es ihm dabei unwohl sein, ist es wichtig, dass Sie sichere Bewegungen machen und ihn spüren lassen, dass er Ihnen vertrauen kann. Lassen Sie Ihrem Welpen das Halsband dann in der vertrauten Umgebung unter Kontrolle eine Zeitlang an. Kratzt er lange und immer wieder daran oder versucht ständig das Band irgendwie abzustreifen, lenken Sie ihn am besten ab, indem Sie mit ihm spielen oder erkunden. Der Welpe dürfte dabei nach kurzer Zeit vergessen haben, dass er etwas um den Hals trägt. Mit der Zeit gewöhnt er sich daran und wird kaum mehr darauf reagieren. Ist die Gewöhnungsphase abgeschlossen, sollte dem Welpen das Halsband zu Hause immer abgenommen werden, um Unfälle zu vermeiden.

Wurde der Welpe nicht schon beim Züchter an das Tragen des Halsbandes gewöhnt, kann dieses anfänglich als störend empfunden werden. Auch die Situation des Angeleintseins kann zu Beginn Konflikte auslösen. Spielen Sie mit dem Welpen, um ihn davon abzulenken und das neue Gefühl positiv zu verknüpfen.

Kontrollieren Sie regelmässig, ob das Halsband nicht zu eng geworden ist. Gute zwei Finger sollten zwischen Hals und Band Platz haben. Zu locker darf es jedoch auch nicht sein, da der Welpe in einer schwierigen Situation auch mal rückwärts ziehen und dann rausschlüpfen könnte.

Positive Verknüpfung mit der Leine

Beim ersten Anleinen oder wenn der Welpe schon eine ungünstige Verknüpfung mit der Leine hat, kann es passieren, dass sich der Welpe gegen

Achten Sie von Anfang an darauf, dass der Welpe Sie nicht spazieren führt. Animieren Sie den Welpen, Ihnen an der lockeren Leine zu folgen. Idealerweise machen Sie diese ersten spielerischen Schritte in der vertrauten Umgebung und loben den Welpen, wenn er fröhlich mitläuft.

die Leine wehrt oder versucht, rückwärts aus dem Halsband zu schlüpfen. Ziehen Sie nicht dagegen, sondern lassen Sie die Leine locker. Machen Sie den Welpen auf ein Spielzeug aufmerksam und spielen Sie mit ihm. Halten Sie die Leine mit der anderen Hand und achten Sie darauf, dass sie nicht angespannt ist. Gehen Sie nun während dem Spielen ganz beiläufig ein paar Schritte. Sollte sich der Welpe dabei in der Leine verwickeln, bleiben Sie ruhig stehen und befreien ihn wieder. Lassen Sie den Karabiner jedoch eingeklinkt und spielen Sie, sobald das Leinendurcheinander gelöst ist, an der lockeren Leine weiter. Idealerweise bleiben Sie während den ersten Kontakten des Welpen mit der Leine in gewohnter Umgebung (Haus, Garten, Versäuberungsplatz) und vermeiden zu viel Ablenkung. Bald dürfte der Welpe keine Angst mehr haben und sich sogar freuen, wenn Sie mit ihm verbunden – innerlich wie äusserlich – fröhlich spielend den Spaziergang antreten.

? **Wenn wir aus dem Haus gehen, will der Welpe meistens gar nicht mitkommen. Wir können ihn nicht frei laufen lassen und wollen ihn auch nicht immer tragen. Was meinen Sie, können wir ihn auch mal mit einem leichten Ruck an der Leine zum Weitergehen erziehen?**

Nein, denn den Welpen zum Mitgehen zu zwingen ist nicht sinnvoll. Rucken an der Leine ist geradezu «tabu». Der Welpe soll ja lernen, dass er nicht an der Leine ziehen soll, und das muss natürlich auch am anderen Ende der Leine eingehalten werden.
Auch erzieherisches Einwirken durch Ziehen und Rucken an der Leine (etwa als Disziplinierung) hat keine verständnisvolle Wirkung. Kurzfristige Verhaltensänderungen nach einem solchen Impuls sind auf die überraschende negative Empfindung (Schreck, Schmerz) zurückzuführen, bleiben aber meistens ohne anhaltenden Erfolg, da kein eigenaktiver Lernprozess stattfinden konnte. Zudem können starke Leinenrucke verschiedene innere Verletzungen zur Folge haben, die manchmal erst später erkannt werden. Gewöhnen Sie sich daher eine ruhige Leinenführung an und kommunizieren Sie mit dem Welpen, als wäre die Leine nicht vorhanden. Die Leine ist nur eine mechanische Sicherheitsvorrichtung, um den Welpen in gefährlichen Situationen zu sichern oder am Weglaufen zu hindern, Unfälle im Verkehr zu vermeiden, ängstlichen Mitmenschen Sicherheit zu vermitteln und andere Tiere vor Angriffen zu schützen.

Der Grund für das Verhalten des Welpen liegt meistens tiefer verankert, als man im ersten Augenblick denkt. Es gilt daher, das Problem zu erkennen und dem Welpen die Möglichkeit zu geben, die Unsicherheit zu überwinden.

Den Tatendrang wecken

Anfänglich sind Spaziergänge – und manchmal bereits das Verlassen des Hauses – häufig beängstigend für den Welpen. Nach dem Umzug vom Züchter gewöhnt sich der Welpe erst einmal an sein neues Zuhause und fasst frisches Vertrauen in die Familienmitglieder. Fühlt er sich dort wohl und geborgen, kann es ihm im ersten Moment schwerfallen, diesen Ort wieder zu verlassen. Nun ist es wichtig, dass der Welpe einen Fürsorgegaranten in der Familie hat, der sich speziell intensiv mit ihm beschäftigt, damit er bei dieser Person den Anschluss finden kann. In Begleitung dieser Person kann er an innerer Sicherheit gewinnen und Spaziergänge und neue Entdeckungsreisen in Angriff nehmen. Der Fürsorgegarant kann den Welpen dann spielerisch zum Mitgehen animieren und den Bereich ausserhalb der gewohnten Umgebung langsam erweitern. Dabei sollte besonders darauf geachtet werden, dass der Welpe sowohl an der Leine als auch frei laufend viele positive Erfahrungen sammeln kann.

⇒ Siehe auch «Fürsorgegarant», Seite 43 und «Dem Welpen das Leben zutrauen», Seite 96

In Problemsituationen darf der Welpe nicht einfach an der Leine herangezogen und damit in eine beängstigende Lage gezwungen werden. Dies würde die Unsicherheit und damit seine Abwehrreaktion verstärken. Hier könnte es die Matte sein, über die sich der Welpe nicht zu gehen traut. Der Welpe braucht Zeit, um das unbekannte Objekt erkunden, ausprobieren und damit einschätzen zu können.

Spezifische Umstände

Es kann natürlich auch sein, dass der Welpe nicht aus dem Haus kommen mag, weil «an Ihrer Türschwelle» eine besondere Herausforderung auf ihn wartet. Beispielsweise kann es sich dabei um eine Treppe, ein «Schuhputz-Gitter» oder einen noch unbekannten dunklen Hausflur handeln. Wenn der Welpe sich noch nicht traut, ein solches Hindernis zu überwinden, sollte diese Situation ohne Zeitdruck mit dem Welpen geübt werden. Gerade Treppen stellen hohe Anforderungen an die sensomotorische Koordinationsfähigkeit des Welpen. Damit er diese entwickeln kann, ist es wichtig, das Klettern über Treppen und ähnliche Hindernisse bereits im Welpenalter zu trainieren. Natürlich nicht übermässig oft und auch nicht in hoher Geschwindigkeit, der Entwicklungsstand und die Körpergrösse des Welpen sind selbstverständlich zu berücksichtigen. Um Erfahrungen zu sammeln, braucht man gelungene Übungen nicht am gleichen Tag unendlich zu wiederholen. Man kann dies in der Entwicklungsphase aber an verschiedenen Tagen in Erinnerung rufen, da sich mit der Körpergrösse auch die Bewegungsabläufe und die Wahrnehmung verändern. Suchen Sie auch verschiedene Treppenarten und andere ungefährliche Hindernisse in der Natur, die der Welpe erkunden und überwinden kann. So verstanden, ist dies für den Bewegungsapparat eines gesunden Welpen unbedenklich und ist ein Bestandteil des Muskelaufbaus. Fördern Sie Ihren Welpen, indem Sie ihm die nötigen Übungsmöglichkeiten zur Verfügung stellen und Hilfestellung leisten, wo es nötig ist. Je geschickter der Welpe sich bewegt, desto sicherer kann er verschiedenste Situationen und die Angst vor Unbekanntem überwinden. Damit sinkt schliesslich auch die Verletzungsgefahr (Stürze, Fehltritte etc.) und der junge Hund kann das Haus in Zukunft zusammen mit Ihnen unbefangen verlassen.

Wenn es pressiert

Den Welpen immer über die Türschwelle zu tragen ist aus den oben genannten Gründen keine Lösung. In Ausnahmefällen ist es jedoch trotzdem empfehlenswert, den Welpen auf den Arm zu nehmen. Beispielsweise, wenn man mit dem Welpen zwecks «Übung der Stubenreinheit» schnell aus dem Haus zum Versäuberungsplatz eilen muss.

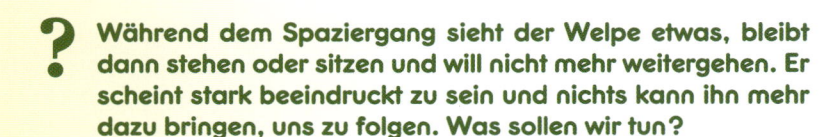

? **Während dem Spaziergang sieht der Welpe etwas, bleibt dann stehen oder sitzen und will nicht mehr weitergehen. Er scheint stark beeindruckt zu sein und nichts kann ihn mehr dazu bringen, uns zu folgen. Was sollen wir tun?**

Es kann verschiedene Gründe für das Verhalten des Welpen geben. Meistens beeindruckt den Welpen etwas sehr stark. Achten Sie immer darauf, dass die Leine locker durchhängend bleibt und nach wie vor nur eine Nebenrolle spielt. Lassen Sie sie daher einfach an Ihrem Arm hängen und gehen Sie situationsgerecht auf den Welpen ein:

Ihr Welpe verhält sich allgemein eher unsicher

Grundsätzlich ist es natürlich und zum Überleben in der Wildbahn sinnvoll, dass sich ein Welpe vor Unbekanntem ängstigt oder Orte und Stellen meidet, an denen schlechte Erlebnisse gemacht wurden. Die «Angst vor Unbekanntem» ist ihm daher angeboren. Da Welpen aber auch von Natur aus neugierig sind, können sie vorsichtig Erfahrungen sammeln und einordnen, wovor sie sich fürchten müssen und was ungefährlich ist. Vergrössern Sie den Bereich ums Haus herum daher langsam von Tag zu Tag. Mit jeder positiven Erfahrung wird sich der Welpe selbstverständlicher bewegen und lernbegieriger werden. Ein entscheidender Faktor ist dazu auch die Bindung zum Fürsorgegaranten. Je sicherer die Bindung von Ihnen und Ihrem Welpen ist, desto einfacher wird es dem Welpen fallen, neue Situationen auszukundschaften. Erkunden Sie gemeinsam die Umwelt und spielen Sie viel mit Ihrem Welpen, um diesen inneren Zusammenhalt zu fördern. Zudem gilt es, das Alleinsein in kleinen Schritten über längere Zeiträume aufzubauen, damit der Welpe keine Verlassenheitsangst erlebt, die in seinem Inneren eine grundsätzlich erhöhte Unsicherheit aufkeimen lassen könnte.

Ihr Welpe geht immer an der gleichen Stelle nicht mehr weiter

Es ist wahrscheinlich, dass der Welpe mit einem Ort oder Gegenstand eine negative Verknüpfung hergestellt hat. Erkunden Sie die Lage gemeinsam, damit er sie neu einordnen kann. Ist er jedoch der Situation nicht gewachsen, versuchen Sie den Welpen vorerst durch Spielen in eine positive Stimmung zu bringen und dann gemeinsam spielerisch daran vorbeizugehen. Wenn Sie die Stelle kennen, sollten Sie den Welpen in Zukunft unbedingt schon ablenken, bevor er ängstlich reagiert.

Die Leine auch locker lassen, wenn Sie mit dem Welpen warten müssen. Verlangen Sie dabei noch keine weiteren Übungen wie Sitz oder Platz, da bereits das Warten eine hohe Anforderung darstellt. Klappt das nicht so gut wie auf diesem Bild, gehen Sie am besten in die Hocke und halten den Welpen um die Brust herum. Ansonsten könnte er das In-die-Leine-Springen, mit der jeweiligen Situation und seiner inneren Stimmung ungünstig verknüpfen.

Ihr Welpe kann die vielen Eindrücke, zum Beispiel in einer Stadt, so schnell im Vorbeigehen nicht verarbeiten

Lassen Sie ihm Zeit, sich das Ganze anzusehen. Achten Sie dabei auf vereinzelte Konfliktreaktionen wie zum Beispiel sich kratzen, züngeln, wimmern, gähnen. Nehmen diese ab, lassen Sie den Welpen noch eine Weile gucken und gehen dann gelassen weiter. Nehmen diese Reaktionen jedoch zu, ist es ein Zeichen, dass der Welpe überfordert ist. Versuchen Sie ihn abzulenken und spielerisch aus der schwierigen Lage herauszuführen. Möglicherweise erstaunt es Sie, dass der Welpe auf die eine oder andere Situation, die uns ganz selbstverständlich vorkommt, ängstlich reagiert. Gehen Sie jedoch unbedingt auf den individuellen, inneren Reifegrad Ihres Welpen ein, denn eine ständige Überforderung würde ihn in seinem Erkundungsdrang hemmen und zumindest in ähnlichen Begebenheiten noch ängstlicher oder sogar aggressiv werden lassen. Bei den weiteren Unternehmungen sollten Sie versuchen, ähnliche, jedoch weniger anspruchsvolle Situationen zu finden, die der Welpe bewältigen kann. Positiv und freudig gestimmt, kann man sich so schrittweise grösseren Herausforderungen widmen. Welche Lernschritte als Vorbereitung nötig sind, ist von Welpe zu Welpe verschieden.

Tragen nur im Ausnahmefall

Wird der Welpe bei Schwierigkeiten jeweils sofort getragen, verhindert man damit, dass er lernen kann, Probleme selbstständig zu lösen. Sowohl die Schwierigkeit als auch die innere Unsicherheit des Welpen würden bestehen bleiben und je nach Situation und Stimmung kann seine Angst damit sogar verstärkt werden. Ein solches Entwicklungsdefizit kann den Welpen sein Leben lang schwer belasten und zu ängstlichem oder aggressivem Verhalten führen. Daher sollten auch möglichst viele Situationen, die anfänglich Unsicherheit auslösen, auf allen vier Pfoten und gemeinsam mit der Bezugsperson gemeistert werden – ob mit oder ohne Leine. Gelingt es jedoch nicht, eine Situation positiv zu bewältigen, dann können Sie den Welpen auf den Arm nehmen, um ihm aus der beklemmenden Situation zu helfen. Dabei sollten Sie ihn nicht streicheln und ihm auch nicht beruhigend zureden. Denn mit Kraulen und Trösten würden Sie die ängstliche Stimmung des Welpen unterstützen und damit sein verängstigtes Verhalten verstärken! Lösen Sie die beklemmende Stimmung stattdessen an einem ruhigeren Ort mit einem lustigen Spiel auf, damit beim Welpen ein Stimmungsumschwung stattfinden kann. Suchen Sie sich beim nächsten Mal einen weniger trubelreichen Platz aus und steigern Sie die Anforderungen immer nur in kleinen Schritten. Passen Sie die Herausforderung dem Erfahrungsstand und dem inneren Reifegrad Ihres Welpen an.

? Immer, wenn wir zur Garage gehen wollen, bleibt unser Welpe sitzen und versucht rückwärts aus dem Halsband zu schlüpfen. Was sollen wir in dieser Situation tun?

Meidet der Welpe immer die gleichen Umstände, wie in diesem Beispiel das Mitkommen zur Garage, muss die Angelegenheit von hinten aufgerollt werden. Denn möglicherweise hat sich das Verhalten schon länger unauffällig angebahnt und der Welpe hat eine ganze Reihe von negativen Verknüpfungen gemacht. Versuchen Sie die Ursache zu finden und das Problem an den Wurzeln zu packen.

Kettenreaktion

Ist dem Welpen nicht wirklich wohl während der Autofahrt, hat er das Fahren wahrscheinlich negativ eingeordnet. Im nächsten Schritt steigt er möglicherweise nicht mehr gerne ins Auto ein und in einem weiteren Schritt will er bereits nicht mehr zur Garage kommen. Setzen Sie sich mit dem Problem, das dahintersteckt, auseinander, um eine weitere Kettenreaktion zu vermeiden. In diesem Beispiel müsste das Autofahren in ein positives Ereignis umfunktioniert werden. Das kostet manchmal mehr Zeit, als einem lieb ist. Auf die Dauer ist es aber meistens der einzig wirklich hilfreiche Weg! Denn, lässt man das ursprüngliche Problem ausser Acht und überspringt es einfach, können weitere folgen: Plötzlich kommt der Welpe auch nicht mehr mit aus dem Haus, wenn Sie den Autoschlüssel in die Hand nehmen. Anhand dieses Beispiels ist ersichtlich, dass viele Verhaltensweisen zwar speziell an der Leine auffallen, ihre Wurzeln jedoch ganz woanders haben und auch dort behandelt werden müssen.

An der Leine laufen

? **Sollen wir den Welpen an die Leine nehmen, wenn uns ein angeleinter Hund entgegenkommt?**
Dürfen sich angeleinte Hunde überhaupt beschnuppern, oder soll man sie nicht zueinander lassen?

Auf dem Spaziergang gilt die Regel, wenn jemand mit angeleintem Hund entgegenkommt und diesen nicht frei lässt, sollte man den eigenen heranrufen und ebenfalls anleinen. Dies gilt natürlich auch umgekehrt. Wenn es zwischen einem angeleinten und einem freien Hund zur Rauferei kommt, kann der Hundehalter des freien Hundes für allfällige Tierarztkosten herangezogen werden, da er sein Tier «nicht unter Kontrolle» hatte.

An der Leine ist der Welpe in seinen Kommunikationsmöglichkeiten stark eingeschränkt und er kann sich nicht mehr naturgemäss verhalten. Dies kann zu Aggression aus Unsicherheit führen. Wer den Welpen dabei bestraft, verstärkt ungewollt das Verhalten! Lassen Sie den Welpen wenn möglich frei oder lenken Sie seine Aufmerksamkeit spielerisch auf sich, um problematische Situationen gemeinsam zu meistern.

Hundebegegnungen möglichst ohne Leinenzwang

Nun ist es jedoch in aller Regel besser, wenn Hunde frei laufend miteinander Kontakt aufnehmen und damit auch alle ihre kommunikativen Fähigkeiten einsetzen können. Denn an der Leine sind sie stark eingeschränkt, was zu Unsicherheit führen kann und damit zu erhöhter Aggressionsbereitschaft. Nicht zu unterschätzen ist dabei die Stimmungsübertragung von Ihnen und der anderen Person. Je lockerer und selbstbewusster man sich begrüsst und weitergeht, desto gelassener begegnen sich meistens auch die Hunde.

Gründe für die Leine gibt es viele

Doch nochmals zurück zu den Begegnungen an der Leine. Es gibt natürlich immer wieder Gründe, warum ein Hundehalter seinen Hund nicht frei laufen lassen kann. Daher sollten Sie Ihren Welpen ebenfalls angeleint vorbeiführen, wenn dies erforderlich ist. Lassen Sie die Hunde in diesem Fall auch nicht aneinander schnuppern. Es ist leider nach wie vor nicht jeder Hund ausreichend sozialisiert, sodass friedliche Begegnungen – speziell mit Welpen – möglich sind. Vielleicht muss der andere Hund aber auch aus gesundheitlichen Gründen an der Leine geführt werden oder der andere Hundehalter verpasst ganz einfach den Zug, wenn er noch lange herumtrödelt ... Da man die Beweggründe des anderen nicht kennt, sollte man respektieren, wenn jemand seinen Hund nicht frei lassen möchte, und den eigenen Hund ebenfalls herannehmen.

Kreuzen an der Leine

Es ist nicht ganz einfach, mit dem neugierigen Welpen an der Leine an anderen Hunden ohne weiteres vorbeizugehen. Wichtig ist, dass in solch schwierigen Situationen der Fürsorgegarant den Welpen führt. Denn diese Person ist am besten in der Lage, dem Welpen die nötige innere Sicherheit zu geben, falls der andere Hund in irgendeiner Weise beängstigend wirkt. Als Fürsorgegarant ist es nun Ihre Aufgabe, den Welpen spielerisch auf sich aufmerksam zu machen. Dies braucht manchmal recht viel Engagement und Motivation, wofür Sie vielleicht vom anderen Hundehalter etwas schief angesehen werden könnten ... Ihrem Welpen wird es aber helfen, sich wunschgemäss zu verhalten. Als Lohn für Ihre Mühe wird Ihr Welpe fröhlich mit Ihnen mitlaufen und sich nicht in die Leine stemmen, um doch noch zum anderen Hund zu gelangen. Gelingt Ihnen dies in der Anfangsphase, ist dies ein guter Start und Ihre Motivation kann kontinuierlich zurückgefahren werden, bis vielleicht nur noch ein Zungenschnalzen nötig ist, damit der junge Hund sich auf Sie konzentriert. Ein längerer, aber erstrebenswerter Weg!

Das Kreuzen an der Leine kann arrangiert und geübt werden. Futter sollte allerdings nur im Ausnahmefall eingesetzt und später schrittweise wieder abgebaut werden. Es braucht vor allem eine sichere Bindung und eine eingespielte Kommunikation zwischen Welpe und Fürsorgegarant, um dieser Situation gewachsen zu sein.

Futter als «Notanker»

Ist es Ihnen nicht möglich, den Welpen mit Stimme, Bewegung und Spielzeug zu animieren, darf hier ausnahmsweise auch einmal ein Leckerbissen angeboten werden, um die kurze Phase des Kreuzens zu überbrücken. Sind Sie am anderen Mensch-Hund-Team vorbeigekommen, ohne dass sich Ihr Welpe von Ihnen abgewendet hat, loben Sie ihn mit aufgestellter Stimme und gehen Sie in flotten Schritten noch ein Stück in dieser spielerischen Art weiter. Loben Sie den Welpen dann zuerst immer mit der Stimme und geben Sie ihm daraufhin dann auch den Futterhappen. Solche Hundebegegnungen können natürlich auch arrangiert werden. Fragen Sie einen Bekannten, der seinen Hund gut führen kann, ob er sich an verschiedenen Tagen Zeit für eine kurze Übungsphase nehmen könnte. Diese kann auch in einen Spaziergang eingebaut werden. Am besten, wenn der Welpe bereits die Gelegenheit hatte, sich ausreichend auszutoben. Überschäumende Energie würde die Leinenlauf-Übung nämlich nur unnötig erschweren.

Tragen anstatt mühsames Üben?

Den Welpen auf den Arm zu nehmen ist meistens ungünstig. Das Problem des «Kreuzens an der Leine» wäre damit schliesslich nicht gelöst und zusätzlich könnten Sie mit diesem Verhalten dem Welpen vermitteln, dass irgendetwas nicht in Ordnung ist. Möglicherweise würde er dies mit dem Begegnen von anderen Hunden verknüpfen und in ähnlichen Situationen ebenfalls verunsichert reagieren. Einen Hund aus einer unliebsamen Begegnung herauszuheben, sei übrigens ebenfalls gut überlegt. Ein Biss in den Hals des Besitzers anstelle der Auseinandersetzung mit dem Artgenossen kann sehr gefährlich sein. Man nennt dies umorientiertes (auch umadressiertes) Verhalten. Ergreifen Sie diese Massnahme deshalb nur im Notfall, wenn die Hunde den Konflikt nicht selber lösen können und ein Risiko für ernsthafte Verletzungen besteht. Vergessen Sie dabei aber nicht, sich selbst ausreichend zu schützen.

⇒ *Siehe auch Abschnitt «Tragen nur im Ausnahmefall» auf Seite 146*

? Was kann man tun, wenn der Welpe bereits ein geübter «Leinenzieher» ist, um es ihm abzugewöhnen?

Sie spazieren gemütlich dem Weg entlang, den Welpen an der Leine. Dieser entdeckt eine Menge spannender Dinge und möchte diese erkunden. Dabei ist er längst am Ende der Leine angelangt und diese ist nun angespannt. In diesem Zug gehen Sie nun, quasi im Schlepptau des Welpen, weiter. Der Welpe verknüpft, dass er kräftig ziehen muss, um gemeinsam dahin zu kommen, wo es interessant ist. Durchschauen Sie die versteckten Selbstdressureffekte frühzeitig!

Es geht recht schnell und schon hat sich der Welpe an das Ziehen an der Leine gewöhnt. Es dürfte aber aus den vorangehenden Beschreibungen hervorgegangen sein, dass es immer unser Werk ist, weil wir unbewusst ungünstige Lernbedingungen gestellt haben. Wiederholt und ungewollt haben wir dem Druck nachgegeben, sind dem Welpen hinterhergegangen und er hat verknüpft, dass er an der Leine ziehen soll. Je schneller man den Fehler bemerkt und einen Weg zur sinnvollen Korrektur einschlägt, desto bessere Erfolgsaussichten auf eine Änderung hat man.

Korrekturen brauchen länger

Beginnen Sie noch heute damit, dem Welpen eine neue Verknüpfung mit dem Leinenlaufen zu vermitteln. Erarbeiten Sie sich dazu die Grundlagen – beschrieben unter «Grundsteine legen zum Laufen an der lockeren Leine». Es erfordert viel Geduld und Konsequenz, ein bereits etabliertes Verhalten zu ändern. Investieren Sie die Mühe jetzt! Lassen Sie das Problem nicht länger anstehen, denn es wird sich nur noch stärker festigen. Kann der Welpe auf die beschriebene Weise, ohne Zwang, durch selbstständiges Finden der Lösung, lernen, sich wunschgemäss zu verhalten, ist dies die nachhaltigste Korrektur des Leinenziehens.

⇒ Siehe auch «Grundsteine legen zum Laufen an der lockeren Leine», auf der nächsten Seite.

Spezialleine und andere Hilfsmittel

Auf dem Markt gibt es ausgeklügelte Korrekturleinen und Spezialbänder gegen das Ziehen an der Leine. Leider reicht dies hin bis zu tierschutzfragwürdigen Systemen (und solche, die tatsächlich verboten sind), die durch Erzeugen von Schmerzen ihre Wirkung entfalten. Für Welpen ist es nicht empfehlenswert, solche Hilfsmittel einzusetzen. Es ist auch trügerisch zu glauben, dass darunter etwas ist, das Wunder vollbringen kann und den Welpen damit von selbst umzieht. Der Welpe wird vielleicht in eine, für Sie und Ihre Muskeln angenehmere Haltung gezwungen, lernt aber nicht eigenaktiv sich richtig zu verhalten. Die meisten dieser Spezialleinen wirken sich negativ auf das Empfinden des Welpen aus. Die positive Verknüpfung mit dem Leinenlaufen ist also kaum mehr gegeben und das Vertrauensverhältnis zwischen Ihnen und Ihrem Welpen kann ebenfalls empfindlich darunter leiden.

Freie Entwicklungsmöglichkeiten bieten

Bei der Geschichte rund um den Welpen an der Leine darf nicht vergessen werden, dass es vor allem einen inneren Zusammenhalt braucht, damit Sie und Ihr Welpe zu einem glücklichen Team zusammenwachsen können. Zur positiven Entwicklung des Welpen darf daher auch die Möglichkeit zur freien, ungezwungenen Bewegung nicht fehlen. Der Welpe soll möglichst wenig an die Leine gebunden sein, dafür aber innerlich eine sichere Bindung zu Ihnen haben und dadurch frei laufen, erkunden, spielen und verschiedene Sozialkontakte aufnehmen dürfen.

⇒ Siehe auch «Dem Welpen das Leben zutrauen», Seite 96

Um eine ungezwungene Leinenführigkeit zu erarbeiten, braucht es weniger eine Leine und ein Halsband als vielmehr eine innere Verbundenheit, die Fähigkeit zur zwischenartlichen Kommunikation und nicht zuletzt auch Wissen über die natürlichen Lernvorgänge. Mit Geschick, Motivation und Gefühl können Sie das Lerngeschehen von Anfang an in die gewünschte Richtung lenken und letztlich Ihnen und Ihrem vierbeinigen Partner viele unnötige Belastungen ersparen.

Grundsteine legen zum Laufen an der lockeren Leine

Gestalten Sie die Zeit an der Leine kurzweilig und spannend. Im Folgenden erhalten Sie Wegleitung und Anregung zum Üben von Anfang an!

Eine sichere Bindung, die Möglichkeit zur Kommunikation in vielschichtiger, verbindender Weise zwischen Mensch und Hund und das Arrangieren geschickter Lerngelegenheiten führen tiergerecht und nachhaltig zum gewünschten «Gehen an lockerer Leine». Die Entwicklung dieser Grundlagen ist mehr als eine Übung und erstreckt sich über einen längeren Zeitraum. Bei einem temperamentvollen Welpen kann sie sich bis ins Erwachsenenalter hineinziehen. Die investierte Geduld und Energie in dieses – gewiss nicht ganz einfache – Lerngeschehen, zahlt sich später viele Jahre lang um ein Mehrfaches aus!

Ganz allgemein ist spielerisches Lernen für den Welpen keine unangenehme Dressur. Sie können damit den Welpen in positiver Weise auf verschiedene Alltagssituationen in unserer Gesellschaft vorbereiten – darunter auch auf das Leinenlaufen. Viel Spass dabei!

Leine, Halsband und Spielzeug

Empfehlenswert sind einfache Halsbänder aus Nylon oder Leder, die in der Grösse verstellbar sind und damit «mitwachsen» können. Dazu reicht eine gewöhnliche Hundeleine mit zwei Karabinern, die ca. 150 cm lang ist und 3–4 Verstellringe hat. Wählen Sie ein Spielzeug, an dem Sie und der Welpe gemeinsam halten können. Es sollte beweglich sein, um damit spannende Bewegungen machen zu können, jedoch keine Geräusche erzeugen. In schwierigen Situationen könnten diese sonst zu einer Reizüberflutung beitragen.

Keine Sonderausrüstungen

Ungeeignet sind flexible Rollleinen, da die Länge entweder ständig variiert oder der Punkt, an dem es nicht mehr weitergeht, für den Welpen unerwartet mittels Knopfdruck herbeigeführt werden kann. Damit ist es dem Welpen nicht möglich, das korrekte Verhalten an der Leine zu lernen. Keinen Sinn ergibt es, beim Welpen Würgehalsbänder, Spezialhalfter oder andere – vermeintliche – Korrekturbänder anzuwenden. Jetzt, wo wir doch gerade dabei sind, gegenseitiges Vertrauen aufzubauen, eine sinnvolle Kommunikation miteinander zu entwickeln und gemeinsam möglichst viele positive Erfahrungen zu sammeln.

Leckerbissen?

Bei starken Schwierigkeiten, den Welpen zu animieren, kann vorübergehend und sehr gezielt mit Futter gearbeitet werden. Das hat aber den bedeutenden Nachteil, dass sich der Welpe nicht auf Sie, sondern den Futterhappen konzentriert. Dies soll nur eine kurzfristige Übergangslösung darstellen. Spielen Sie in dieser Phase häufig und intensiv – mal mit, mal ohne Leine – mit Ihrem Welpen. Gelingt das Spielen gut, können Sie – immer noch ins Spiel verwickelt – gemeinsam mit dem Welpen einige Meter zurücklegen. Tun Sie dies ungeplant, dann wenn es gerade gut passt. Ändern Sie die Richtung und gehen Sie dabei mal vorwärts, mal rückwärts, mal seitwärts. Damit erlangen Sie langsam und unauffällig eine gemeinsame, spielerische (Fort-)Bewegung. Mit Spielen fördern Sie die Bindung allgemein und öffnen sich und Ihrem Welpen viele Wege, die Erziehung spielerisch, auf einer zwischenartlichen Kommunikationsebene und damit ohne Futter anzubahnen.

Aller Anfang ist ... gar nicht so schwer

Damit der Welpe das Gefühl an der Leine zu sein positiv verknüpfen kann, spielen Sie anfänglich in gewohnter Umgebung mit dem angeleinten Welpen. Halten Sie dabei die Leine lang und locker in der Hand. Sie können sich die kleine Schlaufe der Leine auch um das Handgelenk legen, um beide Hände für das Spiel frei zu haben. Wenn Sie den Welpen bei den ersten Erkundungstouren draussen an der Leine führen müssen, weil es zu gefährlich ist, ihn frei laufen zu lassen, sollten Sie die Leine in die äusserste Öse schnallen (lang lassen). Achten Sie bereits jetzt darauf, dass niemals Zug entsteht. Lassen Sie sich nicht spazieren führen, sondern bewegen Sie sich nur fort, wenn die Leine locker ist. Kommt der Welpe am Ende der Leine an, bleiben Sie stehen und locken ihn mit interessanten Geräuschen oder dem Anfang eines spannenden Spiels wieder zu sich. Nun kann es gemeinsam wieder freudig weitergehen. Gehen Sie dabei ruhig auch mal etwas schneller, das animiert den Welpen zum Mitkommen.
⇒ *Siehe auch «Mit dem Welpen spielen», Seite 19*

Lernen findet immer statt

Wenn der Welpe angeleint wird, ist dies immer als Lerngelegenheit wahrzunehmen. Da dies meist einige Male am Tag der Fall ist, dürfte sich der Erfolg schon bald bemerkbar machen. Wann immer möglich, sollten die Sequenzen an der Leine kurz gehalten werden, da sich der Welpe meistens noch nicht so lange auf eine Sache konzentrieren kann und leicht ablenkbar ist. Befindet man sich in einer trubelreichen Situation, sollte man den Welpen besser tragen und die Übung an einem geeigneteren Ort machen.

Eine günstige Lerngelegenheit auswählen

Wenn möglich, sollte der Welpe vor dem Leinenlaufen freien Auslauf gehabt haben, um nicht mehr allzu übermütig zu sein. Wählen Sie dann ein bereits bekanntes und unbefahrenes Wegstück. Damit ist der Welpe schon bestmöglich mit der Situation vertraut und Sie müssen während der hingebungsvollen Übung nicht auch noch auf den Verkehr achten. Kinder oder andere Hunde sollten noch keine mit dabei sein. Sie könnten den Welpen zu stark ablenken und die ganze Situation könnte eine Überforderung darstellen.

Einstellung der Leinenlänge

Klinken Sie die Leine am Halsband des Welpen ein und bleiben Sie dabei stehen.
Achten Sie darauf, dass Sie von nun an die Leine immer in gleicher Länge eingestellt haben. Es ist empfehlenswert, die Leine angenehm auf Bauch- oder Hüfthöhe zu halten und sie dabei so lang zu lassen, dass der Welpe an durchhängender Leine an Ihrer Seite gehen kann, ohne sich darin zu verfangen. Meistens kann man eine ca. 150 cm lange Leine einmal halbieren, Öse oberhalb des 2. Karabiners benützen.

Handhabung der Leine

Halten Sie die Leine am anderen Ende und fassen Sie während der Übung nicht nach. Achten Sie auch darauf, dass Sie mit Ihrem Arm nicht nach vorne nachgeben oder zurückziehen. Manchmal fällt dies einfacher, wenn man einen Finger am Hosenbund einhängt oder die Leinenführhand an den eigenen

Bauch gedrückt hält. Die Länge soll immer gleich bleiben, denn nur so kann der Welpe ein Gefühl für den Raum, den die lockere Leine gibt, entwickeln. Wenn Sie sich dafür entscheiden, den Welpen erst an das Gehen an der linken Seite zu gewöhnen, halten Sie die Leine in der linken Hand etwa auf Bauchhöhe und in der anderen Hand das Spielzeug. Wenn das Gehen an der einen Seite gefestigt ist, kann auch die andere geübt werden. Verwenden Sie für jede Seite ein separates Hörzeichen.

Aus dem Spiel heraus losgehen

Bevor Sie losgehen, schauen Sie darauf, dass Sie die Aufmerksamkeit des Welpen gewinnen. Erwecken Sie sein Interesse mit spannender Stimme und lockenden, bodennahen Bewegungen mit dem Spielzeug. Sobald sich der Welpe Ihnen zuwendet und mitzuspielen beginnt, gehen Sie zusammen los. Dabei können Sie und der Welpe auch gemeinsam das Spielzeug halten und so einige Meter weit gehen. Als Mensch müssen wir uns in dieser Phase sehr stark auf den Welpen konzentrieren und fröhlich animierend wirken! Wenn wir nicht bei der Sache oder mürrisch sind, wird auch der Welpe bald das Interesse und die Freude verlieren.

Damit der Welpe interessiert bleibt

Damit der Welpe aufmerksam bleibt, können Sie mal schnellere, mal langsamere Schritte machen. Kreise laufen und die Richtung wechseln. Anhalten und wieder losgehen. Wer Lust hat und sich dazu in der Lage fühlt, kann auch um Hindernisse herumzirkeln. Schauen Sie bei allen Übungen gut darauf, dass Sie den Welpen spielerisch «mitnehmen», ohne dabei die Leine in irgendeiner Form zu gebrauchen.

Aus dem Spiel in die Spannung

Spielen Sie mit dem Welpen so, dass er sich auf der gewünschten Seite befindet, währenddem Sie sich langsam vorwärtsbewegen. Richten Sie sich nun auf und nehmen Sie das Spielzeug rasch an Ihren Bauch hoch. Erhalten Sie die spielerische Spannung mit der Stimme und mit Blickkontakt zu Ihrem Welpen und gehen Sie in zügigen Schritten weiter. Bevor der Welpe das Interesse verliert, lösen Sie die Spannung mit einem bodennahen, fröhlichen Spiel wieder auf. Spielen Sie, wenn möglich in der Vorwärtsbewegung, sodass der Welpe an Ihrer Seite bleibt. Ansonsten bleiben Sie stehen oder gehen rückwärts und locken den Welpen mit dem Spielzeug zu sich. Dehnen Sie die konzentrierte Phase langsam aus. Geht der Welpe schon einige Schritte freudig gespannt an Ihrer Seite, können Sie mit munterer, lobender Stimme das entsprechende Hörzeichen einige Male wiederholen.

Sobald der Welpe an der Leine zieht, bleiben Sie stehen

Wenn die vorhergehende Übung schon gut klappt und man die Spannung ein, zwei Minuten halten kann, wird der Welpe auch ab und zu nach vorne sehen. Solange er an Ihrer Seite geht, lässt es sein Blickwinkel zu, Sie trotzdem wahrzunehmen. Sobald er aber die Position neben Ihnen verlässt und an der Leine zieht, etwa weil er etwas Spannendes erblickt hat und darauf zugeht, bleiben Sie unverzüglich stehen. Ihre Leinenhand bleibt dabei unverändert und passiv an Ihrem Körper. (Nicht an der Leine zupfen.) Indem Sie anhalten, vermitteln Sie dem Welpen: Grenze! Mich kann man nirgends hinziehen.

Dieser Welpe hat eben das Interesse am Spielzeug verloren und etwas Spannendes in der Wiese entdeckt. Damit kam Zug in die Leine, was bedeuten soll, unverzüglich stehen zu bleiben! Erst wenn sich der Welpe wieder dem Fürsorgegaranten zuwendet, geht es zusammen und mit lockerer Leine weiter.

Lassen Sie den Welpen lernen, dass es nur mit lockerer Leine weitergeht

Sagen Sie nichts und warten Sie ab. Jeder Welpe reagiert nun anders, die einen bleiben «im Zug» und versuchen unbeirrt weiterzukommen. Andere setzen sich hin und warten ab. Solange aber Zug auf der Leine ist und der Welpe Ihnen keine Beachtung schenkt, bleiben Sie einfach tatenlos und geduldig stehen. Lassen Sie den Welpen selbstständig auf die Lösung des Problems kommen, auch wenn das eine Weile dauert. Irgendwann wird er sich Ihnen zuwenden, gerade so weit, dass die Leine locker wird. Gehen Sie jetzt sofort mit lobenden, aufmunternden Worten weiter. Damit kommunizieren Sie ihm: «Juhuii – an lockerer Leine gehts zusammen weiter.» Gelingt es nicht, ist eine Überforderung selbstverständlich zu vermeiden, etwa weil zu viel Ablenkung hinzugekommen ist. In einem solchen Fall kann man auf das spielerisch animierte Leinengehen zurückgreifen.
⇒ Siehe «Gleichzeitig Erlebtes und Empfundenes verknüpft sich», Seite 14

An der Leine laufen

Geduld und Wiederholung

Meistens müssen Sie nach ein, zwei Schritten gleich wieder stehen bleiben, weil der Welpe wieder in die Leine läuft. Bleiben Sie geduldig immer wieder stehen, ohne auf den Welpen einzuwirken. Gehen Sie nicht immer nur geradeaus, wenn der Welpe aufmerksam ist, sondern gestalten Sie das Gehen phantasievoll. (Kreise gehen, Richtung wechseln usw.) Ihr Welpe wird immer schneller herausfinden, was Sie von ihm wollen, und Sie kommen dem Ziel eines wohlerzogenen, an der lockeren Leine gehenden Hundes Schritt für Schritt näher.

Mit etwas Phantasie und auch mal im Rückwärtsgang kann Gehen an der lockeren Leine auch bei Ablenkung spielerisch gelingen. Auf diese Kommunikationsbasis kann in schwierigen Situationen zurückgegriffen werden.

Anbahnen der Erziehung

Erlernen von «Sitz» auf Zeichen des Fürsorgegaranten

Am Beispiel der Übung «Sitz» wird in diesem Kapitel auf das geschickte Arrangieren und Lenken von Lerngelegenheiten eingegangen.

Ersterlebnisse in der Entwicklung des Welpen

In der Erziehung des Welpen wird natürlich viel mehr vermittelt als einzelne Gehorsamsübungen. Trotzdem gehören in gewissem Mass gezielt gesteuerte Aufgaben zu den wichtigen, zukunftsweisenden Elementen im Zusammenleben von Mensch und Hund. In der Entwicklung des Welpen haben besonders Ersterlebnisse einen richtungsweisenden Charakter. Speziell die gefühlsmässige Einordnung, die bei der ersten Erfahrung gemacht wird, entscheidet häufig über die generelle Vorliebe oder Abneigung. Es ist daher wichtig, erste geplante Lerngelegenheiten möglichst vorausschauend anzugehen, sodass der Welpe nicht überfordert wird und sich ein Erfolgserlebnis (positive Verknüpfung) einstellen kann.

Arrangieren von Lerngelegenheiten

Beim Gestalten von Lernsituationen und Übungen spielen wichtige Prozesse zusammen, deren Entwicklungsstand berücksichtigt werden muss: Die Bindungsqualität zum Fürsorgegaranten, der Grad der zwischenartlichen Kommunikationsfähigkeit, die Klarheit der Rangordnung und die Kenntnisse der Regeln des Zusammenlebens. Im Rahmen dieser Bedingungen wird sich der Welpe massgeblich an der von Ihnen vermittelten Stimmung orientieren. Die Situationen sollen daher von Anfang an spielerisch, lustvoll und ohne unnötigen Druck und Zwang gestaltet und angegangen werden. Wobei die Übungsschritte dem inneren Reifegrad des Welpen angepasst und in sich klar und wegweisend sein sollen. Wenn es allen Beteiligten richtig Spass macht und man gemeinsam auch mal eine Hürde nimmt, ist man auf dem richtigen Weg!

Die richtige Lernstimmung

Sie und Ihr Welpe sind Individuen mit ganz eigenen Temperamentseigenschaften. Beim Lernen sind diese Eigenschaften massgeblich zu beachten, um ein gutes Ergebnis zu erzielen. Manche lernen schnell und geschickt, manche hastig und halbpatzig, andere langsam und beständig oder langsam und nur mit vielen Wiederholungen. Dabei muss man aufpassen, sowohl den «schnellen» als auch den «bedächtigeren» Typ nicht zu über-, aber auch nicht zu unterfordern. Das Bewältigen einer Aufgabe erfordert ein gewisses Mass an Aufmerksamkeit, damit Lernen stattfinden kann. Weder im dösenden oder müden bzw. im überdrehten, hastigen Bereich können sich dauerhafte Lernerfolge einstellen. Ist der Organismus des Welpen eher heruntergefahren, muss er animiert und aufgeweckt werden. Ist schon eine starke Erregung da, muss die Stimmung erst etwas heruntergefahren werden. Zudem sollen Grundbedürfnisse wie Hunger, Müdigkeit,

Geborgenheit und eine ausreichend vorhandene Bindung abgedeckt sein, damit der Welpe seine volle Lernfähigkeit entfalten kann.

Futter?

Es darf nicht der Eindruck entstehen, dass bei den folgenden Übungen empfohlen wird, generell mit Futter zu arbeiten. Die Fütterung ist eine Möglichkeit, eine meist hochmotivierte Situation für eine Übung zu nutzen. Vom ständigen Belohnen mit Futterhappen ist jedoch abzuraten!
⇒ Siehe auch «Muss ich immer Futter dabeihaben, um den Welpen zu belohnen?», Seite 169

? Wann kann ich damit beginnen, meinem Welpen erste Übungen zu vermitteln?

Basis und Voraussetzung sind, dass der Welpe sich schon einige Tage bei Ihnen eingelebt hat, sich gegenseitiges Vertrauen bilden konnte und man mittels Spiel und gemeinsamem Erkunden eine Grundlage zur zwischenartlichen Kommunikation geschaffen hat. Es ist wichtig, dass Sie sich dabei ein Bild von den Grundzügen des Temperaments Ihres Welpen machen konnten, denn darauf gilt es von Anfang an richtungsweisend einzugehen. Unter Miteinbezug dieser Erkenntnisse können Sie nun spielerisch vereinzelte Übungen in den Tagesablauf einbauen.

Erfolgserlebnisse

Machen Sie keine «Wahrscheinlich-klappt-es-nicht»-Übungen. Der Welpe soll eine, seinem Entwicklungsstand angepasste Aufgabe erhalten, die er selber aus eigenem Antrieb und möglichst ohne Manipulation unsererseits lösen kann. Räumen Sie dem Welpen genügend Zeit ein, eine Strategie zur Meisterung der gestellten Aufgabe entwickeln zu können. Bieten Sie nur dann Hilfestellung, wenn es unbedingt nötig ist!

Immer gleich

Der Welpe lernt, dass er durch ein gewisses Verhalten etwas auslösen kann. Sowohl in natürlichen Situationen wie auch bei Übungssituationen, die durch uns bereitgestellt werden. Bei der Übung «Sitz» beispielsweise lernt der Welpe, dass er durch das erwünschte Verhalten an sein Futter gelangt und gleichzeitig, was das Hör- und Sichtzeichen bedeutet. Obwohl diese

Anbahnen der Erziehung

Situation «künstlich» durch uns herbeigeführt ist, ist es wichtig, dass dies immer gleich abläuft! Man darf nicht plötzlich ein anderes Verhalten verlangen (z. B. Bellen), denn dann wäre der natürliche Lernprozess gestört und der Welpe wäre entsprechend verwirrt und verunsichert. Herrschen solche oder ähnlich zwiespältige sowie nicht ernstzunehmende Erwartungshaltungen unsererseits öfters vor, kann dies auf den Lernvorgang eine hemmende Wirkung haben und die freudige Mitarbeit des Welpen in einer konfliktträchtigen Weise stören.

? Was sollte beim Ausdenken und Anwenden der Hörzeichen beachtet werden?

Ein Hörzeichen sollte möglichst kurz sein und eine gewisse Prägnanz aufweisen. Besonders wichtig ist, dass alle, die sich mit dem Welpen beschäftigen, das gleiche Hörzeichen für eine Übung verwenden.

? Wozu braucht man Sichtzeichen?

Der Welpe ist ein sehr guter Beobachtungslerner und kann z. B. Handzeichen leicht erlernen. Es ist vor allem dann nützlich, wenn man sich auch wortlos mit dem Hund verständigen möchte. Zum Beispiel, wenn man später auf Distanz mit dem Hund arbeiten will oder aber auch, um den Hörzeichen ein zusätzliches Erkennungsmerkmal zu geben.

? Wie kann die Übung «Sitz» in den Alltag eingebaut werden?

Die Fütterung bietet sich dazu an, die «Sitz»-Übung regelmässig und in einer bekannten, meist hochmotivierenden Situation zu machen. Im gleichen Zug kann auch eine kleine Rangordnungsprüfung durchgeführt werden, um das Beziehungsgefüge zu stabilisieren. Am leicht nachvollziehbaren Beispiel aus der Praxis möchte ich Ihnen die wichtigsten Details dieser Übung erläutern. In den Beispielen verwenden wir das Hörzeichen

Für jede Übung sollten Sie sich separate Hör- und Sichtzeichen ausdenken. Benützen Sie dann immer das gleiche Wort und die gleiche Geste für eine Aufgabe und achten Sie darauf, dass auch alle anderen Personen, die mit dem Welpen zu tun haben, diese Zeichen übernehmen.

«Sitz» und das Sichtzeichen «aufgestreckter Zeigefinger» für das Hinsetzen des Welpen. Selbstverständlich wählen Sie für die jeweilige Übung Ihre eigenen Zeichen.

Die Aufgabe für den Welpen: Der Welpe hat Hunger und ist daher auf Futtersuche. Wenn er den gefüllten Napf von Ihnen nicht einfach hingestellt bekommt und fressen kann, ist er motiviert, eine Strategie zu entwickeln an das Futter zu gelangen. Ihre Aufgabe ist es nun, darauf zu achten, dass nur das von Ihnen erwünschte Verhalten (hinsetzen) die Futtergabe auslöst. Dabei nehmen wir die Gelegenheit wahr, Hör- und Sichtzeichen einzuflechten. Alle weiteren Verhaltensweisen (z. B. Bellen, Hochstehen usw.) werden ignoriert (nicht korrigiert). Der Welpe wird diese Verhaltensweisen einstellen, sobald er herausgefunden hat, worauf es ankommt. Das Futter ist hierbei ein Mittel, die Aufmerksamkeit des Welpen zu erreichen und ihm eine Aufgabe zu stellen, die man gut in den Tagesablauf einbauen kann.

Information

Während der Übung können vereinzelte Konfliktreaktionen auftreten. Sie zeigen an, dass die Aufmerksamkeit des Welpen erhöht ist und er noch keine Strategie für diese Situation hat. Solange sich die Übung in einem überschaubaren Rahmen abspielt, können Sie auch erkennen, wenn die Belastungsgrenze erreicht ist und ein Abbruch der Übung (evt. mit spielerischer Auflösung) erforderlich ist.
⇒ Siehe auch «Konfliktreaktionen», Seite 15

Richten Sie das Futter wie üblich zu. Achtung: Sobald Sie sich nun dem Welpen mit dem Futternapf zuwenden, beginnt die Übung!

Wenn der Welpe nicht bereits aufmerksam das Geschehen verfolgt, zeigen Sie dem Welpen das Futter, aber ohne dass er davon fressen kann. Sagen Sie dazu jedoch nichts. Das Hörzeichen «Sitz» wird nur in dem Moment gesagt, in dem der Welpe sich hinsetzt. Wir sagen sonst während der Übung nichts (machen Sie höchstens Lockgeräusche, wenn es nötig sein sollte, auf das Futter aufmerksam zu machen). Stellen Sie sich dann möglichst aufrecht hin, den Futternapf in einer Hand, genug hoch haltend, damit ihn der Welpe nicht erreichen kann. Beobachten Sie nun das Verhalten Ihres Welpen.

Beispiel 1 «Geduldig abwarten»: Der Welpe zeigt alle möglichen Verhaltensweisen aus seinem Repertoire. Tun Sie nichts, stehen Sie ruhig da, ohne zu sprechen, und warten Sie ab, was passiert. Wenn der Welpe sich hinlegt oder desinteressiert wegdreht, machen Sie ihn lockend auf das Futter aufmerksam und nehmen Sie dann wieder Ihre ursprüngliche Haltung ein. Ihre Erwartungshaltung überträgt sich meistens nach einer Weile auf den Welpen und in dieser Spannung wird er sich mit grosser Wahrscheinlichkeit irgendwann hinsetzen. Reagieren Sie sofort, indem Sie das Hör- und Sichtzeichen geben! Genau im Moment, in dem sich Ihr Welpe hinsetzt, sagen Sie einmal freundlich und deutlich: «Sitz» und strecken gleichzeitig den Zeigefinger der freien Hand auf. Gleich darauf stellen Sie dem Welpen das Futter ohne weitere Worte hin. Er hat damit die Aufgabe erfolgreich gelöst.

Hinweis: Im Moment, in dem Sie den Futternapf nach unten bewegen, wird der Welpe aufstehen (nur einige seltene Exemplare mampfen lieber gleich im Sitzen oder legen sich dazu sogar hin.) Sagen Sie aber auf jeden Fall in dieser Phase nichts mehr! Denn sonst würde bei mehrmaliger Wiederholung fälschlicherweise das Aufstehen (beziehungsweise das Hinlegen) mit dem Hörzeichen «Sitz» verknüpft.

Rangordnung in der Situation der Nahrungsaufnahme

Nachdem der Welpe einige Happen gefressen hat, nehmen Sie ihm mit klaren, ruhigen Bewegungen das Futter nochmals weg. Vielleicht müssen Sie mit der anderen Hand sein Köpfchen sanft aus dem Napf stossen. Dies ist in der Regel problemlos und ohne Hektik möglich, wenn das Beziehungsgefüge zwischen Ihnen und Ihrem Welpen stimmt und Ihr Welpe Sie als natürliche Autoritätsperson und damit als ranghöher akzeptiert. Jetzt haben Sie eine gute Gelegenheit, die Sitzübung gleich nochmals zu machen. Machen Sie die Übung wie beschrieben ... aber Achtung, wieder ohne vorher das Hörzeichen zu sagen.

Hastige Fresser

Die Stimmungslage beim Fressen ist nicht in jedem Fall positiv. Futteraufnahme im Rudel (auch unter den Welpen) kann zum Beispiel mit einem gewissen Konkurrenzkampf (Rangordnung) um die besten Happen einhergehen. Der Welpe kann dann sehr angespannt sein und das Futter hastig herunterschlingen. Es gibt Welpen, die aus verschiedenen Gründen bei der Fütterung in diese Stimmung geraten. In dieser Situation sollte die Übung «Rangordnungsprüfung» sorgfältig und nur mit viel Ruhe durchgeführt werden. Klappt es problemlos, sollten Sie auf zu häufige Wiederholungen verzichten. Trotzdem sollte gerade bei diesem Welpen nicht auf diesen Prüfstein verzichtet werden. Denn «Futterneid» kann zu aggressivem Verhalten führen, das frühzeitig in die Schranken gewiesen werden muss.

Hat der Fürsorgegarant den Ablauf dieser Übung gefestigt, können andere Familienmitglieder (z. B. ältere Kinder unter Aufsicht) in die Übung und damit in den tiergerechten Umgang mit dem Welpen und in die Rangordnungsübung miteinbezogen werden.

Alarmsignal

Beim Wegnehmen des Futters oder zu einem anderen Zeitpunkt der Übung reagiert Ihr Welpe plötzlich aggressiv. Er knurrt Sie oder ein Familienmitglied an und/oder versucht Sie zu packen. Disziplinieren Sie den Welpen sofort! (Nackenfellschütteln/Rückenlage). Der Welpe erhält das Futter jetzt nicht, dieses Verhalten darf auf keinen Fall zum Erfolg führen. Es ist ein Hinweis darauf, dass sich ernsthafte Probleme in der Rangordnungsfrage einstellen oder schon eingestellt haben. Kontaktieren Sie die Leitung Ihrer Prägungsspieltage oder eine Fachperson, um die Hintergründe zu besprechen und im gesamten Umgang mit dem Welpen eine klare Struktur und Rangordnung herzustellen.

Beispiel 2 «Es klappt einfach nicht»: Sollte sich Ihr Welpe auch nach längerer Zeit nicht hinsetzen, dann können Sie die Übung problemlos abbrechen. Sie sind nicht inkonsequent, da Sie noch gar nichts Konkretes verlangt und kein Hörzeichen gegeben haben. Stellen Sie den Futternapf beiseite, machen Sie eine kleine Pause und füttern Sie den Welpen wie üblich, indem Sie es ihm einfach hinstellen. Sie können ihm den Napf in Ruhe nochmals wegnehmen und damit nur die Teilübung «Rangordnungsprüfung» machen. Vertagen Sie die Übung oder suchen Sie sich für das «Sitz» eine andere Möglichkeit (siehe nachfolgende Fragen).

Beispiel 3 «Der Welpe sitzt bereits»: Sie drehen sich mit dem Futternapf dem Welpen zu und dieser sitzt schon eine ganze Weile erwartungsvoll da! Bewegen Sie sich mit dem Futternapf einige Schritte zurück, sodass Ihnen der Welpe folgen kann. Beim Anhalten setzt er sich wahrscheinlich gleich wieder hin, und Sie können die Übung machen. Wenn sich der Welpe nicht hinsetzt, ist das nicht weiter schlimm, fahren Sie fort, wie unter Beispiel 1 beschrieben.

Beispiel 4 «Alles geht viel zu schnell»: Alles läuft verkehrt ... Gerade bei Welpen, die sich sehr rasch für ein Hinsetzen entscheiden, kann es beim ersten Mal passieren, dass man vor Überraschung den richtigen Zeitpunkt verpasst und quasi alles im falschen Moment tut und sagt. Nehmen Sie es mit Humor und bleiben Sie gelassen – aber seien Sie beim nächsten Mal darauf gefasst, schneller zu reagieren! Hör- und Sichtzeichen werden beim ersten Mal meistens noch nicht gleich gefestigt und ein einzelner Fehler in dieser Hinsicht dürfte keine tiefgreifenden Spuren hinterlassen. Es braucht in der Regel schon einige Wiederholungen, bis der Welpe Hör- und Sichtzeichen mit seiner Körperposition «sitzen» dauerhaft verknüpft. Es ist in dieser Situation jedoch sehr wichtig, keine negative oder hektische Stimmung aufkommen zu lassen, da der Welpe durchaus die Gestimmtheit mit dem Gefüge der ganzen Fütterungssituation verknüpft. Speziell beim ersten Mal geschieht ein Grossteil der gefühlsmässigen Einordnung und damit der Wertung, ob diese und ähnliche Situationen in Zukunft freudig oder zurückhaltend angegangen werden.

? Mein Welpe ist so klein, dass ich aufrecht stehend den Zeitpunkt des Sitzens verpasse. Was kann ich tun?

Bei sehr kleinen Welpen kann man die Übung anfänglich in der Hocke machen. Denn die zeitliche Übereinstimmung vom Hinsetzen des Welpen und dem gleichzeitigen Hör- und Sichtzeichen ist der wichtigste Punkt der Übung. Konnte der Welpe nach einigen Wiederholungen die Verknüpfung dieser Elemente herstellen und sitzt schon etwas geduldiger da, können Sie bei der Übung stehen bleiben, da es ruhig einen Moment länger dauern darf, bis er das Futter erhält.

? Ich schaffe es nicht, den Futternapf so zu halten, dass der Welpe ihn mir nicht aus der Hand schlagen kann. Soll ich trotzdem weiterüben?

Nein, üben Sie in diesem Fall nicht mit dem Futternapf, da der Welpe nur lernen würde, dass er durch Hochstehen oder wildes Herumhüpfen die

Futtergabe erwirken kann. Damit würde ein unerwünschtes Verhalten geradezu eingeübt! Machen Sie die Übung mit einem Leckerbissen oder Spielzeug.
⇒ *Siehe auch «Was kann man tun, wenn sich der Welpe überhaupt nicht für das Futter im Napf interessiert?», unten*

❓ Ich habe noch weitere Hunde zu Hause – worauf muss ich achten?

Es ist je nach Erziehung und Temperamentslage der anderen Hunde am Anfang vielleicht besser, den Welpen separat zu füttern. Beherrschen Ihre anderen Hunde ein ruhiges Warten vor der Fütterung und der Welpe lässt sich von Ihnen nicht ablenken, kann man diese jedoch auch mit dabeihaben.

❓ Was kann man tun, wenn sich der Welpe überhaupt nicht für das Futter im Napf interessiert?

Vielleicht ist der Welpe einfach nicht hungrig und Sie können es zu einem späteren Zeitpunkt nochmals versuchen. Es gibt auch die Möglichkeit, die gleiche Übung, wie sie oben beschrieben ist, mit einem Stück Wurst oder einem Leckerbissen zu machen. Halten Sie das Futterstück in der geschlossenen Faust, damit der Welpe es Ihnen nicht gleich wegschnappen kann, und machen Sie die Übung wie beschrieben in der Frage: «Wie kann die Übung ‹Sitz› in den Alltag eingebaut werden?». Natürlich fällt dabei das Wegnehmen des Futters weg. Sie können diesen Teil der Übung bei einer anderen Gelegenheit machen, z. B. wenn der Welpe einen Kauknochen nagt.

Möglicherweise ist Futter aber generell für Ihren Welpen kein grosser Motivationsfaktor. Lesen Sie dazu die Antwort der nächsten Frage.

❓ Ich möchte beim Erlernen des «Sitz» nicht mit Futter arbeiten, kann ich die Übung trotzdem machen?

Ja. Denn das Erarbeiten von Übungen hat vor allem mit Kommunikation zu tun und braucht die persönliche Bindung zwischen Mensch und Welpe. Dazu braucht es in der Regel kein Futter im Sinne von Belohnungshappen. Futter kann sparsam zur Motivation eingesetzt werden, sollte aber im Laufe der Ausbildung fast gänzlich verschwinden.

Immer ohne Futter

Wenn es darum geht, dem Welpen beim Erkunden, Klettern oder bei anderen motorisch fordernden Aufgaben Hilfestellung zu bieten, soll dies immer ohne Futter erfolgen. Viele Welpen achten beim Einsatz von Futter nicht mehr auf die eigentliche Übung und «stolpern» einfach der Futterhand hinterher. Damit kann man den Welpen zwar fast überall hinlocken, aber der Lerneffekt ist äusserst gering oder fehlgerichtet.

Futter als Motivationsfaktor

Wenn es darum geht, dem Welpen ein Verhalten zu lehren, wie beispielsweise das Hinsetzen auf ein Zeichen, braucht man etwas zur Motivation, das die Neugierde und damit den inneren Antrieb des Welpen weckt. Dazu kann man anfänglich Futter einsetzen, bis das Hör- und Sichtzeichen verknüpft ist. Selbstverständlich wird die Futtergabe später, wenn die Übung gefestigt ist, wieder langsam abgebaut!

Spielzeug anstatt Futter

Voraussetzung ist eine gute Kommunikations- und Reaktionsfähigkeit des Fürsorgegaranten, dann ist dies eine sehr willkommene Option. Spielen Sie erst mit dem Welpen und nehmen Sie in der Spielspannung das Spielzeug an sich. (Hörzeichen «Aus» könnte hier eingebaut werden, im Moment, in dem der Welpe das Spielzeug loslässt – dabei darf aber die Spannung nicht verloren gehen.) Halten Sie das Spielzeug bei Ihnen auf Bauch- oder Brusthöhe und warten Sie nun ab, um zu beobachten, ob der Welpe sich hinsetzt. Führen Sie die Übung durch, wie beschrieben in der Frage: «Wie kann die Übung ‹Sitz› in den Alltag eingebaut werden?». Setzt sich der Welpe hin und hat damit die ihm gestellte Aufgabe gelöst, verknüpfen Sie das sogleich mit Ihrem Hör- und Sichtzeichen. Bewegen Sie sich oder das Spielzeug dabei noch nicht, da der Welpe sonst schon aufspringen könnte. Unmittelbar nach den gegebenen Zeichen kommt jedoch wieder Bewegung rein und das Spiel geht weiter. Sie können diese Übung während dem Spiel öfters wiederholen. Sie werden sehen, es braucht etwas Geschicklichkeit, ist aber eine sehr gute und lustbetonte Kommunikationsübung, aus der auch weitere Übungen zur Hör- und Sichtzeichenverknüpfung entwickelt werden können. Das

Wegnehmen des Futters (Rangordnungsprüfung) kann als Teilübung bei der normalen Fütterung eingeflochten werden.

? Wann kann man dazu übergehen, das Hör- und Sichtzeichen im Voraus zu geben?

Sie werden bald bemerken, dass der Welpe die Situation immer schneller erkennt und weiss, was von ihm verlangt wird. Dann können Sie versuchen, das Ganze umzudrehen, und den Welpen mit dem Hör- und Sichtzeichen zum Sitzen auffordern. Dies klappt meistens ganz gut in der bislang geübten Situation. Draussen und mit viel Ablenkung empfiehlt es sich, die Übung zu festigen, indem Sie erst wieder das Hinsetzen des Welpen abwarten und daraufhin das anerkennende Hör- und Sichtzeichen geben. Sie werden herausspüren, wann die Übung so gefestigt ist, dass der Welpe auch in anspruchsvolleren Situationen die Übung auf das Hör- und Sichtzeichen hin ausführen kann. Bleiben Sie jedoch immer dabei, das Hörzeichen nur einmal zu sagen. Reagiert der Welpe nicht, kann es sein, dass die Übung noch nicht genügend gefestigt ist. Es kann aber auch sein, dass der Welpe Ihre Zeichen nicht richtig verknüpft hat (Fehlverknüpfung durch zeitlich unstimmigen Ablauf) oder die Rangordnung grundsätzlich nicht geklärt ist und der Welpe daher keinen Grund sieht, Ihrer Aufforderung nachzukommen. Gehen Sie in diesen Fällen zur Grundübung zurück, überprüfen Sie den Ablauf selbstkritisch und setzen Sie am richtigen Punkt an.

Konnte der Welpe das Hör- und Sichtzeichen mit der Übung verknüpfen, kann man ihn später mit Wort oder Geste die gewünschte Aufgabe ausführen lassen. Befolgt der Welpe Ihre Aufforderung, sollte ein stimmliches Lob oder auch «ein wohlwollender Augenkontakt» anfänglich nie fehlen.

? Worauf muss ich achten, wenn ich die Übung in anderen Situationen machen möchte?

Steigern Sie die Anforderungen nur langsam, denn jedes Mal, wenn der Welpe überfordert wird, kann ein bislang erreichter Lernerfolg starke Einbussen erleiden. Lassen Sie die Übung lieber einmal bleiben, wenn Sie bemerken, dass der Welpe zu aufgewühlt ist, um sich zu konzentrieren. Zum Beispiel: Sie haben das «Sitz» zu Hause schon geübt. Nun gehen Sie zur Welpenspielstunde und müssen einen Moment warten, bis alle versammelt sind. Es ist viel los und Ihr Welpe verfolgt aufgeregt die Dinge, die hier ablaufen. In einem solchen Moment sollten noch keine Übungen abgefragt werden – es würde den Welpen wahrscheinlich überfordern. Gehen Sie in einem solchen Moment am Rande des Geschehens in die Hocke oder setzen Sie sich irgendwo hin. Halten Sie Ihren Welpen am Körper, damit er nicht in die Leine springt, und warten Sie zusammen ruhig ab, bis es weitergeht. Achtung, streicheln Sie Ihren Welpen in solchen Situationen nicht. Möglicherweise ist der Welpe aufgeregt, nervös, vielleicht sogar ängstlich gestimmt und ein Streicheln hätte einen belohnenden Effekt auf diese Gefühle. Zurück zum Weglassen von Übungen in solchen Situationen: Es ist konsequenter und der inneren Leistungsmöglichkeit des Welpen angepasster, darauf zu verzichten, als Unangepasstes zu verlangen. Die Konsequenz würde man nämlich sofort verlieren, wenn man das Hörzeichen («Sitz») immer wieder und im falschen Moment (wenn der Welpe steht, an der Leine zieht, usw.) sagt, ohne dass man ans Ziel kommt! Es gilt daher Übungen nur dann zu machen, wenn der Welpe genug aufmerksam und damit Erfolg in Sicht ist.

? Muss ich immer Futter dabeihaben, um den Welpen zu belohnen?

Grundsätzlich brauchen Sie kein Futter zur Kommunikation mit Ihrem Welpen. Etwas erfolgreich gemeistert zu haben ist an sich so belohnend, dass es unnötig ist, dies zusätzlich mit Futter zu bestätigen. Es kann sich sogar negativ auswirken, das Verhalten des Welpen ständig mit Futter zu manipulieren und ihm damit seine Fähigkeit zum eigenaktiven Lernen zu nehmen. Zu Beginn einer Übung wie dem «Sitz» oder «Platz» kann ein Leckerbissen zum Erlangen der Aufmerksamkeit des Welpen sinnvoll sein. Futter oder auch Spielzeuge dienen in diesem Sinn nicht der Belohnung, sondern werden zur Motivation und zum Erstellen einer künstlich arrangierten Übungssituation eingesetzt. Sobald die jeweilige Übung gefestigt ist, wird die Futtergabe wieder abgebaut. Ein Schritt, der nicht vergessen werden darf! Sich zusammen mit dem Welpen über den erarbeiteten Erfolg zu freuen, bedeutet für den Welpen soziale Anerkennung und ist eine der bedeutendsten Formen des Lobes!

«Sitz!» eine Übung in der gewohnten Umgebung mit wenig Ablenkung, kann man sie auch an andere Orte transferieren. Bleiben Sie konsequent und lassen Sie sich nicht dazu verleiten, das Hörzeichen mehrere Male zu geben! Klappt es beim ersten Mal nicht, gehen Sie nochmals zur Grundübung «erst zum gewünschten Verhalten motivieren, dann Zeichen geben» zurück.

? Ich möchte, dass der Welpe an meiner Seite (im Fuss) «Sitz» macht. Wie gehe ich das an?

Anfänglich sollte es noch keine Rolle spielen, in welcher Position um Sie herum der Welpe sich hinsetzt. Denn häufig suchen Bezugsperson und Welpe ganz automatisch den Sichtkontakt. Zudem muss es Ihnen möglich sein, die zeitlich abgestimmte Abfolge der Übung einzuhalten, was einen bequemen Bewegungsradius verlangt. Setzen Sie den Welpen neben sich, wenn er das Hör- und Sichtzeichen der Übung «Sitz» schon relativ sicher verknüpft hat und er beim Leinenlaufen die seitliche Position kennt*. Führen Sie ihn mit einem Belohnungshappen in der Faust oder einem Spielzeug neben sich und geben Sie dann ruhig, präzise und lobend das Hör- und Sichtzeichen für das Hinsetzen.

*⇒ *Siehe auch «An der Leine laufen – was steckt dahinter?», Seite 138*

Druck, Zwang und schlechte Stimmung haben in der Hundeerziehung nichts verloren.

Das Wort «Erziehung» hat vielleicht für den einen oder anderen einen negativen Beigeschmack – möglicherweise hat man damit selbst schlechte Erfahrungen gemacht. Erziehung ist jedoch für das Leben im Sozialverband notwendig. Es bedeutet zu lernen, wie man sich benehmen muss, damit man dort gut aufgehoben ist. Wissen, wie man sich verhalten soll und wo die Grenzen sind, gibt Sicherheit und gegenseitiges Vertrauen. Erziehung kann daher nur Fuss fassen, wenn einem beiderseits etwas am anderen liegt, und ist damit Teil des Bindungsprozesses. Ständiges Anwenden von Druck und Gewalt, übermässiges Leistungsdenken, zwanghaftes Manipulieren des Welpen und Gereiztheit oder gar Wut auf der Gefühlsebene finden hier nirgendwo Platz!

1 x 1 für weitere neue Übungen

Animieren Sie den Welpen, etwas Gewünschtes auszuführen – sagen Sie dabei nichts! In dem Augenblick, in dem er richtig reagiert, geben Sie das entsprechende Hörzeichen in lobendem Tonfall und wenn erwünscht, gleichzeitig dazu ein Sichtzeichen. Wenn Sie sich dabei aufrichtig über die gelöste Aufgabe und positive Entwicklung Ihres Welpen freuen, bestärkt ihn diese soziale Anerkennung in seinem Verhalten. Die zeitlich unmittelbare Abfolge der Übungselemen-

Anbahnen der Erziehung

te und Ihre aufrichtige innere Beteiligung ist dabei von grösster Wichtigkeit! Bei mehrmaliger Wiederholung wird der Welpe die Komponenten der Übung miteinander verknüpfen und lernt dabei, wie er auf unsere Zeichen reagieren soll. Folgen Sie dem Lernprinzip: «Gleichzeitig Erlebtes und Empfundenes verknüpft sich». Üben Sie anfänglich in immer der gleichen Situation mit wenig Ablenkung und transferieren Sie das Erlernte erst wenn es gefestigt ist in andere, schwierigere Umgebungen.

Die fröhliche, sensible und intensive Prägungsphase des Welpen, geht schnell vorüber. Nützen Sie die Zeit der nachhaltigen Lernbereitschaft Ihres Welpen, um eine Basis mit den grundlegenden Elementen für das Zusammenleben in Ihren eigenen, spezifischen Bedingungen zu schaffen. Bald folgt eine weitere sensible Phase. Die Pubertät ... dann ist Ihre feinfühlige Beobachtungsgabe, das Eingehen auf die Bedürfnisse des jungen Hundes, die Fähigkeit Grenzen zu setzen und durchaus auch Ihr gutes Nervenkostüm und Ihr Humor gefragt.

Ich wünsche Ihnen an dieser Stelle: Viel Spass, viel Freude und ganz viele schöne, intensive Stunden zusammen mit Ihrem Welpen. Sie werden zusammen natürlich auch die eine oder andere Hürde überwinden müssen ... aber letztlich machen diese Erfahrungen auch einen Teil der Entstehung einer einzigartigen Freundschaft aus.

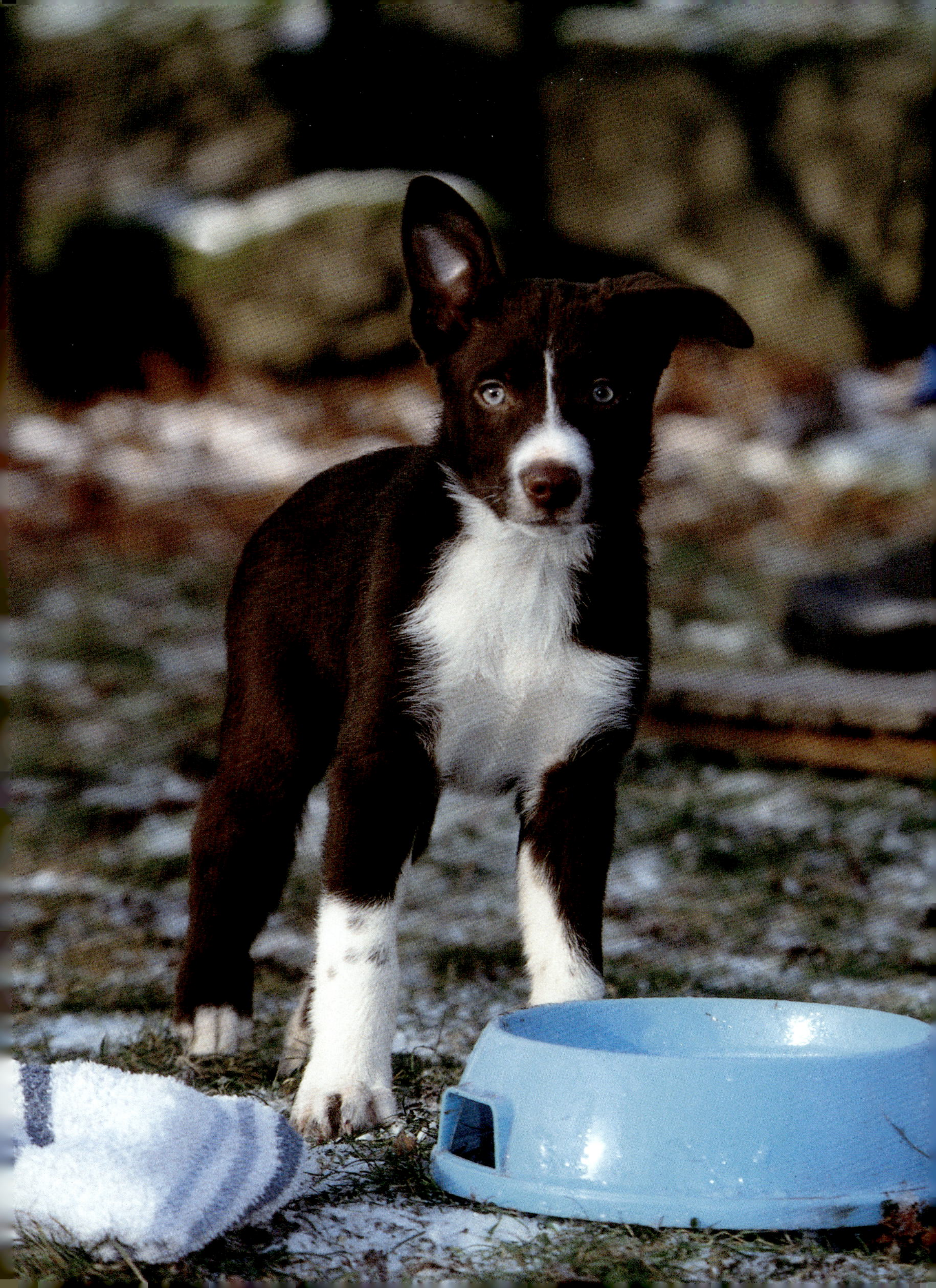

Literaturverzeichnis

Bartels, Th.: Tierschutz und Hundezucht, Bern: Merkblatt des Schweizer Tierschutz STS, Basel.
Berlowitz, D./Weidt, H.: Angst-Bewältigung – Teil 1, in Schweizer Hunde Magazin 9/00, S. 22–25.
Berlowitz, D./Weidt, H.: Angst-Bewältigung – Teil 2, in Schweizer Hunde Magazin 1/01, S. 28–33.
Berlowitz, D./Weidt, H.: Angst-Bewältigung – Teil 3, in Schweizer Hunde Magazin 2/01, S. 16–19.
Berlowitz, D./Weidt, H.: Spielend vom Welpen zum Hund – Eine Starthilfe zur harmonischen Partnerschaft, SHM-Sonderdruck 1, Dietlikon: Roro-Press Verlag AG 2002.
Berlowitz, D./Weidt, H.: Hunde verstehen – Signale rechtzeitig sehen, SHM-Sonderdruck 2, 4. Aufl., Dietlikon: Roro-Press Verlag AG 2004.
Berlowitz, D./Weidt, H.: Qualitätsmerkmale von Prägungsspieltagen, in Schweizer Hunde Magazin 6/05, S. 29–31.
Berlowitz, D./Weidt, A., Weidt, H.: Verhaltenskynologischer Leitfaden für Züchter und Welpenerwerber, in Schweizer Hunde Magazin 2/06.
Berlowitz, D./Weidt, A., Weidt, H.: Eigendynamisches Lernen – Die Entfaltung des natürlichen Lernverhaltens, SHM-Sonderdruck 4, Dietlikon: Roro-Press Verlag AG 2007.
Berlowitz, D./Weidt, H. et. al.: Lernen und Verhalten – Bausteine zum Wesen des Hundes, Schweizer Hunde Magazin, Sonderausgabe 1: Dietlikon 2007.
Binzegger, J.: Der kleine Tierarzt – Praktischer Gesundheitsratgeber für Hunde und Katzen, Baar 1997.
Bowlby, J.: Frühe Bindung und kindliche Entwicklung, 4., neugestaltete Aufl., München, Basel: Reinhardt 2001.
Doll-Sonderegger, S.: Kind und Hund – eine bereichernde Freundschaft, SHM-Sonderdruck 3, Dietlikon: Roro-Press Verlag AG 2003.
Frey, P.: Der Hund im Auto – ist er richtig gesichert?, in Schweizer Hunde Magazin 1/04, S. 31–35.
Gaudy, D.: Kind und Hund, SHM-Sonderdruck 3, Dietlikon: Roro-Press Verlag AG 2005.
Hassenstein, B.: Verhaltensbiologie des Kindes, 6. Aufl., Münster: Monsenstein und Vannerdat 2007.
Hassenstein, B. und H.: Kindern geben, was sie brauchen – Entwicklungsphasen erkennen – Entwicklung fördern, 4. Aufl., Freiburg im Breisgau; Basel; Wien: Herder 2003.
Holmes, J.: John Bowlby und die Bindungstheorie, aus dem Engl. übers. von Andrea Wimmer, München, Basel 2002: Reinhardt 2006.
Imholz, S.: Dominanz – ein oft missverstandener Begriff, in Schweizer Hunde Magazin 2/03, S. 20–25.
Kerl, S.: Hunde kaufen mit Verstand – Der Ratgeber für Käufer und Züchter, Cham: Müller Rüschlikon 1999.
Laukner, A.: Artikelserie «Notfälle und Erste Hilfe», in Schweizer Hunde Magazin 6/07–1/08
Naef, C.: Merkblatt für den Notfall, in Schweizer Hunde Magazin 3/02, S. 43–46.
Naef, C., unter Mitarbeit des Instituts für Veterinärpharmakologie und -toxikologie der Universität Zürich: Merkblatt Giftpflanzen, in Schweizer Hunde Magazin 3/03, S. 43–46.
Pilonell, C.: Ich habe einen Hund ... Ein kleiner Ratgeber zur Unfallverhütung, Bern: Bundesamt für Veterinärwesen 2004.
Redaktionsbeitrag HUNDE: Neue Forschungsergebnisse: Stress kann Krebs auslösen, in HUNDE 8/2007, S. 6.
Reutter, H.: Tierarzt-Ratgeber: Notfall Magendrehung, in Schweizer Hunde Magazin 9/00, S. 36–38.
Trumler, E.: Hunde ernst genommen, 6. Aufl., München/Zürich: Piper 2000.
Waiblinger, E.: Wie gut werden Familienhunde in der Schweiz gehalten?, in Schweizer Hunde Magazin 1/07, S. 82–84.
Weidt, A.: Hundeverhalten – Das Lexikon, 1. Aufl., Dietlikon: Roro-Press Verlag AG 2005.
Weidt, H.: Artgemässe Ernährung des Hundes, in Der Jagdgebrauchshund 5/84, S. 127–133.
Weidt, H.: Der Hund, mit dem wir leben: Verhalten und Wesen, 3., durchges. Aufl., Berlin: Parey 1996.
Weidt, H./Berlowitz, D.: Spielend vom Welpen zum Hund – Leitfaden für die Entwicklung des jungen Hundes, 2., korr. Aufl., Augsburg: Naturbuchverlag 1997.
Weidt, H./Berlowitz, D.: Das Wesen des Hundes – Verhaltenskunde für eine harmonische Beziehung zwischen Mensch und Hund, Augsburg: Naturbuchverlag 1998.
Weidt, H./Berlowitz, D.: Frühwarnkonzept zum Erkennen und Vermeiden umweltbedingter Verhaltensstörungen beim Hund, in Schweizer Hunde Magazin 8/1994, S. 60–62.
Zimen, E.: Der Hund, München: Goldmann 1992.
Züllig, R.: Denkfehler 2: An der Rollleine, in Schweizer Hunde Magazin 4/04, S. 66–68.
Züllig, R.: Denkfehler 4: Das Beruhigungs-Pheromon D.A.P.® als die Lösung bei Stress, Kummer oder Angst, in Schweizer Hunde Magazin 8/04, S. 32–37.
Züllig-Morf, S.: Vorderkörper-Tiefstellung als Spielaufforderung – hundlicher Ausdruck und menschliche Fehldeutung, in Schweizer Hunde Magazin 3/04, S. 4–7.

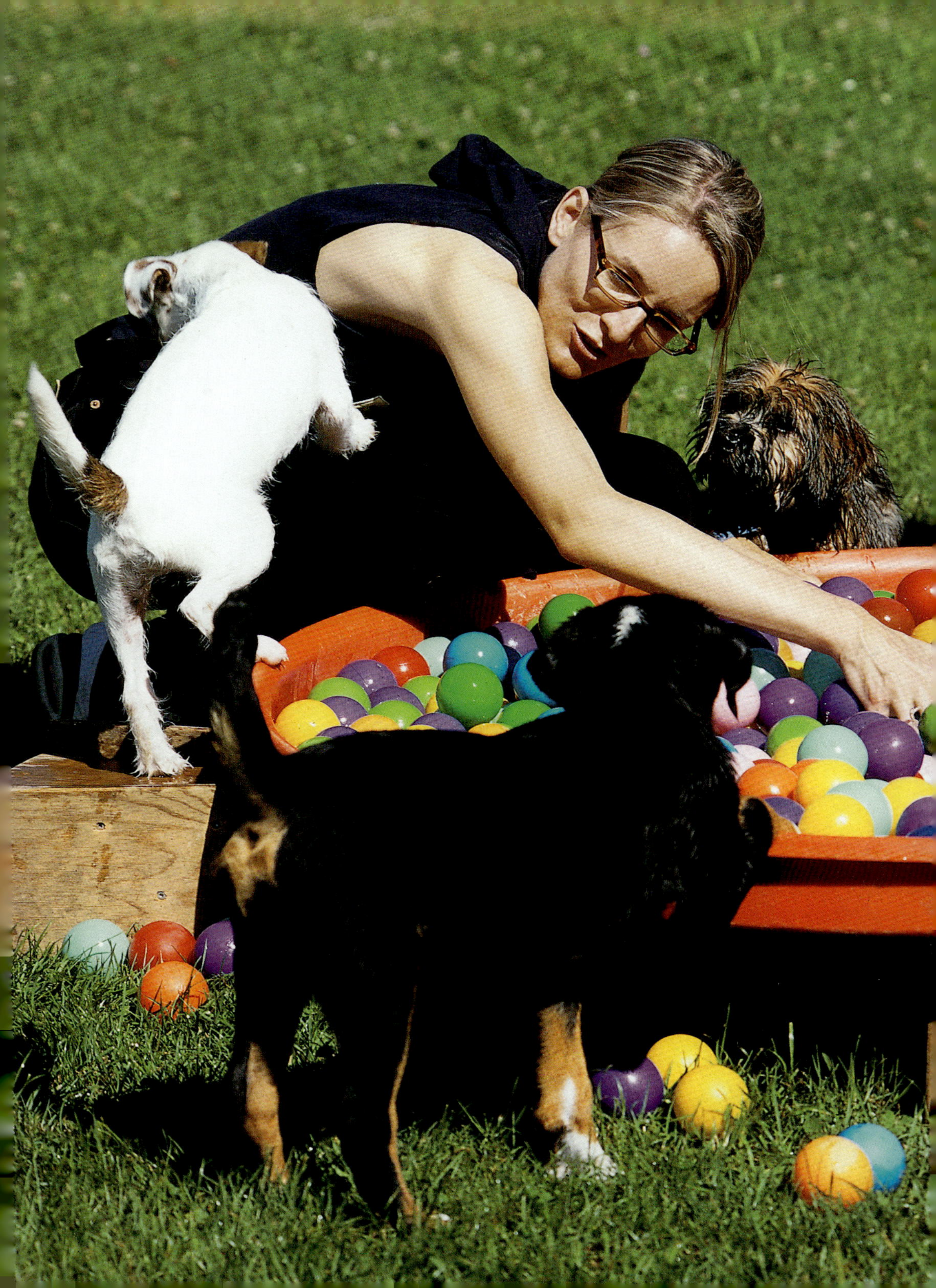

Stichwortverzeichnis
Die Zahlen verweisen auf die Seitenzahlen. Hauptstellen sind fett gedruckt.

A
Abholung, vom Züchter 41, **56**
Abrufen 106
Abrufübung 105ff.
- bei Problemen 108ff.
Absperrung 35
Aggression, an der Leine 148
- aus Unsicherheit 124
- bei Futter 164
- im Spiel 53f.
Alleinsein **13**, 72ff.
- Dauer 74f.
- erwachsener Hund 75
- in der Nacht 82f.
- Übungsbeispiel 73ff.
Anbinden 75f.
Angeleinter Hund 148
Angriff, durch anderen Hund 117
Angst, den Welpen frei zu lassen 104f.
- des Verlassenseins **13**, 73
- im Verkehr 100
- vor Unbekanntem **99f.**, 143ff.
Animieren **16ff.**, 77
- mit Spielzeug 9f.
Anmeldepflicht 32
Antrieb, innerer 132
Aufmerksamkeit erregen 136f.
Aufregung, nach Spaziergang 135
Aufzucht 26ff., **30ff.**
Aufzuchtsbedingungen 26ff., **30ff.**
Ausgeben, Übung 126
Ausrüstung 34
Aussehen 25
Auswahl, des passenden Hundes 24ff.
Auto 36
Autofahren 27, **31**, 41, 56ff.
- erbrechen 62ff.
- Sicherheit 59f.

B
Basiswissen 12
Begegnung, mit fremden Hunden 113
Begrüssung 78f.

Beissen, im Spiel **53f.**, 121f., 129
- in Gegenstände 133f.
Beisshemmung **20**, 129
- Übung 130f.
Belastungen, unnötige 28, **99**
Bellen, Alleinsein 73
Belohnen 16f.
Beruhigen **15**, 18
Beschäftigung **51**, 133
Bestrafen 21f.
Besucher 67f.
Betreuung, mehrere Personen 44f.
Betreuungsappelle 44
Bewegungsdrang 51f.
Bindung 22, **43ff.**
- eng 11
Bindungsaufbau **44**, 103
- Probleme 44f.
- Qualität 44
Blasenentzündung 72
Blickkontakt 11
Box, Gewöhnung **39**, 87f.

D
Disziplinieren **21ff.**, 127
Dominanz 117
Druck 170

E
Eigendressur 51
Eigenschaften, durch Zuchtauswahl 25
Eindrücke 146
Einfangen 119
Einfühlungsvermögen 105
Eingehen, richtungsweisend 50f.
Eingewöhnung **38f.**, 67
Entwicklung, motorische Fähigkeiten 26
Entwicklungsstand 11
Entwurmung 32
Erbrechen, beim Autofahren 62ff.
Erfahrungen, positive 54
Erfahrungsentzug 27f.
Erfolgserlebnis 27f.

Erkundungsmöglichkeiten 39
- Spaziergang, Ausflug **27,** 32
Erkundungsverhalten 93
Erregbarkeit, hohe 52ff.
Ersatzbetreuung 13
Ersatzhandlung 91
Ersterlebnisse 21, **49,** 159
Erwachsener Hund 115
Erziehung **158ff.,** 170f.

F
Familie 45
Familienanschluss 45
Fehler, grundlegende **8, 11**
Fehlerfreundlich 11
Fellpflege 35
Fellspielzeug 37
Fertignahrung 91f.
Fixierung auf Spielzeug 19
Flugzeug 36
Fragen an den Züchter 30ff.
Frei lassen **99f.,** 102ff.
Fremde Personen 68
Fressen, eklige Dinge 93
- hastiges 163f.
Fürsorgegarant 43f.
Futter 31, **36f.**
- Aggression 164
- Menge 31
- Umstellung 31, **36**
- wegnehmen 163f.
Futterbelohnung **16,** 153, 169
- falsche 16
Futtermotivation, klappt nicht 166
- unerwünscht 166f.
Futterspielzeug 37
Fütterungsablauf, mehrere Hunde 166
- mit Übung 161ff.
Fütterungszeiten 31

G
Geborgenheit 80ff.
Gefahren, beseitigen 40f.
Gefährliche Situationen, bewältigen 100
Gehorsamsübungen **11,** 160f.
Gelenke 76f.
Geruch, vertrauter **39,** 81f.
Geschicklichkeitsübung 17f.
Geschirr 35
Gesetz 40
Gesundheitscheck 40
Gesundheitliche Aspekte 40

Gewinnen, im Spiel 19
Graben 93f.
Grenzen der Belastbarkeit 97

H
Halsband **35,** 152
- Gewöhnung 141
- herausschlüpfen **140f.,** 147
Heimtierausweis 32
Heranholen 119
Herankommen **102f.,** 105ff.
Heranrufen 105ff.
- Hörzeichen 31
- Übung 118
Herausspringen, aus dem Auto 61
Herumrennen, nach Fütterung 91f.
Heulen, Alleinsein 73
Hilfestellung, übertriebene 27f.
Hindernisse, bewältigen 19f.
- erklimmen 76f.
Hinterherrennen **100f.,** 125
Hochstehen (Heraufstehen) **78,** 122f.
Hörzeichen **31,** 161f.
- einüben **105ff.,** 168
- verstehen 168
Hundebegegnungen 148
Hundebett 35

I
Ignorieren **21,** 127f.
Impfung 32
Interesse, wecken 52

J
Jagdliche Förderung 37
Jagen 100ff.
Junghunde 115f.

K
Kauartikel **36f.,** 92
Kauen 37
Kettenreaktion, negative Verknüpfung 147
Kind, davonlaufen 125
Kindchenschema 14f.
Kinder, mit Esswaren 123
- Ruhephasen 67
- Spielzeug 36
- zu Besuch 67f.
Kleinkind 121
Knurren **83f.,** 164
Kommunikation 43
Kommunikationsmöglichkeit 26f.

Konfliktbewältigung 15ff.
Konfliktreaktionen **15f.**, 98, 162
Kontakt, angeleinte Hunde 148
- zu anderen Hunden 112f.
Kontaktliegen 44, **80**
Konzentrationsfähigkeit 54
Körpermerkmale, übertypisiert 28f.
Körpersprache 28f.
Korrekturleine 151
Kotsäckli 37
Kreuzen an der Leine 149
- Übung 149

L
Lebhaft 51f.
Lecken 78f.
Leckerbissen **16**, 153, 169
Leine **35**, 152
Leinenlaufen 138
- Gewöhnung 153
- spielerisch 155f.
- Übung 152ff.
Leinenruck 142f.
- ziehen 138ff.
- ziehen, Korrektur **150f.**, 156f.
Leinenzwang 148
Leitplanken 67
Lernen, am Erfolg 16
- im Schlaf 18
- im Spiel 53f.
- positive Verknüpfung 14
- negative Verknüpfung 14
Lerngelegenheit 17f., 26ff., 39, **48ff.**, 159
Lerngeschehen 51f.
Lernstimmung **52f.**, 159f.
Liegeplatz 84
Loben **16**, 69
Lockere Leine 152ff.

M
Magendrehung 91
Medikamente 19
Mikrochip 32
Mischling 25ff.
Missverständnisse 71
Motivation 51ff.
- mit Spielzeug **16ff.**, 167f.
- bei Geschicklichkeitsübungen 17
- mit Futter **149**, 153, 167
Motivieren 16f.
Motorik 26, **144f.**
Müdigkeitsanzeichen 97

Mutterhündin 26f.

N
Nachfolgen 75f.
Nacht, erste 39
Nackenfellschütteln 21f.
Napf 36
Nestwärme 28, **80**
Neugierde 132

P
Pflegeutensilien 35
Pfui 93ff.
Platzübung 170f.
Prägung, auf den Menschen 26f.
Prägungsphase 43, **50f.**
Prägungsspieltage **9**, 39
- besuchen 121
- Originalkonzept 9
Problem, andere Hunde 114ff.
- Autofahren 62f.
- Disziplinierung nützt nicht **128**, 133ff.
- grundlegende 24f.
- heranrufen 105ff.
- im Spiel 126ff.
- immer in der gleichen Situation 147
- leinenziehen 150f.
- lösen 22
- mit anderen Hunden 117
- Sitzübung 164f.
- Übermut 132ff.
- Versäubern 69f., 82
Pubertät 43

Q
Quietschen 36
Quietschlaute 115
Quietschspielzeug **36**, 131

R
Rangordnung **83f.**, 130f., 163
Rassehund 25f.
Rassemerkmale, übertriebene 28
Regeln **40**, 45, **67**
Reife, natürliche 83
Reifegrad, innerer **11**, 49, 146
Reizangel 37
Rollleine 152f.
Ruck, an der Leine 142f.
Rückenlage, als Disziplinierung 21f.
- entspannt 130
Rücksichtnahme 117

Rückversichern 11
Ruf 31
Ruhepause, nach Fütterung 91f.
Ruhephasen 67
Ruheplatz 39

S
Schlafplatz 39
- Gewöhnung 80ff.
- Verteidigung 83f.
- Verunreinigung 82
Schlammbäder 93f.
Schnappen **83f.**, 137
Schokolade 40
Schuhe 37
Selbstdressureffekt 139f.
Selbstsicherheit 16, **99f.**
Sicherheit, emotionale **26f.**, 81f.
Sichtzeichen 160ff.
Sitz, Übung 161ff.
Sitzübung, in verschiedenen Situationen 168f.
- klappt nicht 164f.
- kleiner Welpe 165
- mit Futtermotivation 167
- mit Spielzeug 167f.
- seitlich 169f.
- wildes Herumhüpfen 165f.
Sozialer Kontakt 26
Sozialspiel 36
Sozialverhalten, verändertes 28f.
Spannend sein 118f.
Spazieren, Dauer 97
- der Welpe sträubt sich **97f.**, 143
- nur an der Leine 104f.
Spaziergang 98
Spezialleine 151
Spiel, gemeinsames 19, 53f.
- heftiges **52f.**, 126ff.
- von Welpe und Junghund 15
- Welpe und Fürsorgegarant 53f.
Spielabbruch, grober Umgang unter Hunden 116
- grob zum Menschen 53f.
Spielen, mit anderen Hunden 114
- mit dem Welpen 19f.
- mit Kind 121ff.
- mit Kind, Übung 125f.
- ohne Spielzeug 20
Spielzeug, geeignetes 20, **36f.**
- Kauf 36f.
Startbedingungen, optimale 42ff.
Stimmung, beeinflussende **26f.**, 49, 53f.
Stimmungsumschwung 15

Stofftiere 36f.
Strassenverkehr 100
Stresssituationen, bewältigen 27f.
Struktur 43
Stubenreinheit **26**, 69ff.
- Missverständnisse, Probleme 71f.
- in der Nacht **70**, 82

T
Tagesablauf **31**, 67
- Strukturen 31
Tatendrang **132f.**, 143
Temperament, ausgeglichenes 50
Temperamentseigenschaften 19, **50**
Tierarzt 40
Tierschutz **25**, 28f.
Tragen, des Welpen **146f.**, 150
Transportbox, Gewöhnung 39, **87f.**
- Kauf 36
Treppensteigen 76f.
Trotzreaktion **13**, 71

U
Über-den-Fang-Griff 11f.
Überforderung 16f., 49, 98, 128
Übermütig 133
Übernahme **30f.**, 43
Überraschungsmoment 21
Übungen, in verschiedenen Situationen **168f.**, 170f.
Übungen, neue 170
Umgang, geeigneter 48ff.
Umgebung **39**, 66ff.
- welpensicher 40
Unerwünschtes Verhalten 15, 22, **51**, 93, 126
- abgewöhnen 94f.
Unsicherheit 22, 124, **144**
Utensilien 34ff.

V
Veranlagung 25
Verhalten, erwünschtes 136f.
- im Spiel 53f.
- unerwünschtes 14f., **51**
Verhaltensmerkmale, übertypisiert 28f.
Verhaltensmuster 27, **139**
Verkehrsmittel, Gewöhnung 98
Verknüpfen, von gleichzeitig Erlebtem
    und Empfundenem **14**, 139f., 170f.
Verknüpfung, negative bei Angst 73, 145f., 147
- positive 108, **141f.**, 153
Verlassenheitsangst, vermeiden 13
Verletzung, durch anderen Hund 117

Verlieren, im Spiel 19
Versäubern **31,** 26, 39, 69ff.
- Schlafplatz verunreinigen 82
Versäuberungsmöglichkeit **31,** 39, 69
Verstecken 109ff.
Vertrauen **44,** 66, 82
Vorbeirennen 107f.
Vorerfahrungen, schlechte 49

W
Wahrnehmung 98f.
Wassernapf 36
Wecken, von Interesse beim Welpen 51f.
Wehren, gegen Halsband/Leine 140ff.
Weitergehen, an der Leine 142f.
Welpenzähne 120ff.
Welpenbesitzer 11
Welpenerziehung 11
Welpengarten 26
Welpenschutz 14f.
Welpenspaziergang 98
Welpenspielgruppe, s. a. Prägungsspieltage 9
Wesensentwicklung **99f.,** 104
Wiederholungen **18,** 143f.
Wurfgemeinschaft 28, 81, **102**

Z
Zähne 93
Zeit **23,** 34f., 98
Zubeissen 36
Züchter **26,** 30f.
Züchter, Fragen an den 30ff.
Zuchtlinien 25
Zuchtauswirkungen 15
Zurechtweisen 21f.
Zusammenpassen, von Mensch und Hund 25
Zwang 170
Zwingen 99, **170**
Zwinger 26

Bildnachweise

Die Bildnachweise für die kleinen Einstiegsbilder auf dem Titelbild sind nicht separat aufgeführt.

Fotos

Bosshard, Ueli: 44
Czolgoszewski, Martina: 40
Dirwanger, Susy (Blindenführhundeschule Allschwil, CH): 43, 66, 68, 80, 103
Klein & Hubert Fotoagentur: Titelbild (gross)
Frauenfelder, Susanne: 10, 83
Gaudy, Denise: 27, 30
Giger, Jolanda: 8, 12, 14, 15, 17, 19, 20, 24, 25, 26, 28, 31, 32, 37, 38, 39, 40, 45, 46, 49, 50, 51, 52, 54, 55, 59, 65, 77, 81, 84, 89, 93, 96, 101, 104, 106, 109, 111, 118, 119, 120, 124, 125, 133, 135, 137, 141, 145 (unten), 148, 149, 150, 151, 157 (unten), 161, 162, 167, 168, 171, 172, 174, 181
Günter, Bernd: 56, 57, 61, 63
Koster, Pia: 22, 33, 41, 48, 53, 71, 78, 92, 127, 128, 130, 131 (oben, beide), 132, 134, 136, 142
Landolt, Franz: 113
Landolt, Sonja: 21, 23, 29, 60, 62, 69, 70, 72, 79, 90, 94 (unten), 97, 108, 114, 115, 116, 123, 129, 131 (unten), 138, 139, 140, 145 (oben, Bildfolge), 146, 152, 154, 155, 156, 157 (oben), 158, 164, 165
Mauderli, Fritz: 34, 74, 85, 94 (oben), 98, 143
Plattner, Manuel: 1, 9, 100, 122, 169, Buchrücken
Schneider, Anita: 86
Walder, Doris: 88
Weidt, Heinz: 21, 171

Illustration/Grafik

Heeb Niklaus, Biologe und wissenschaftlicher Illustrator: 170
Touring Club Schweiz TCS: 60

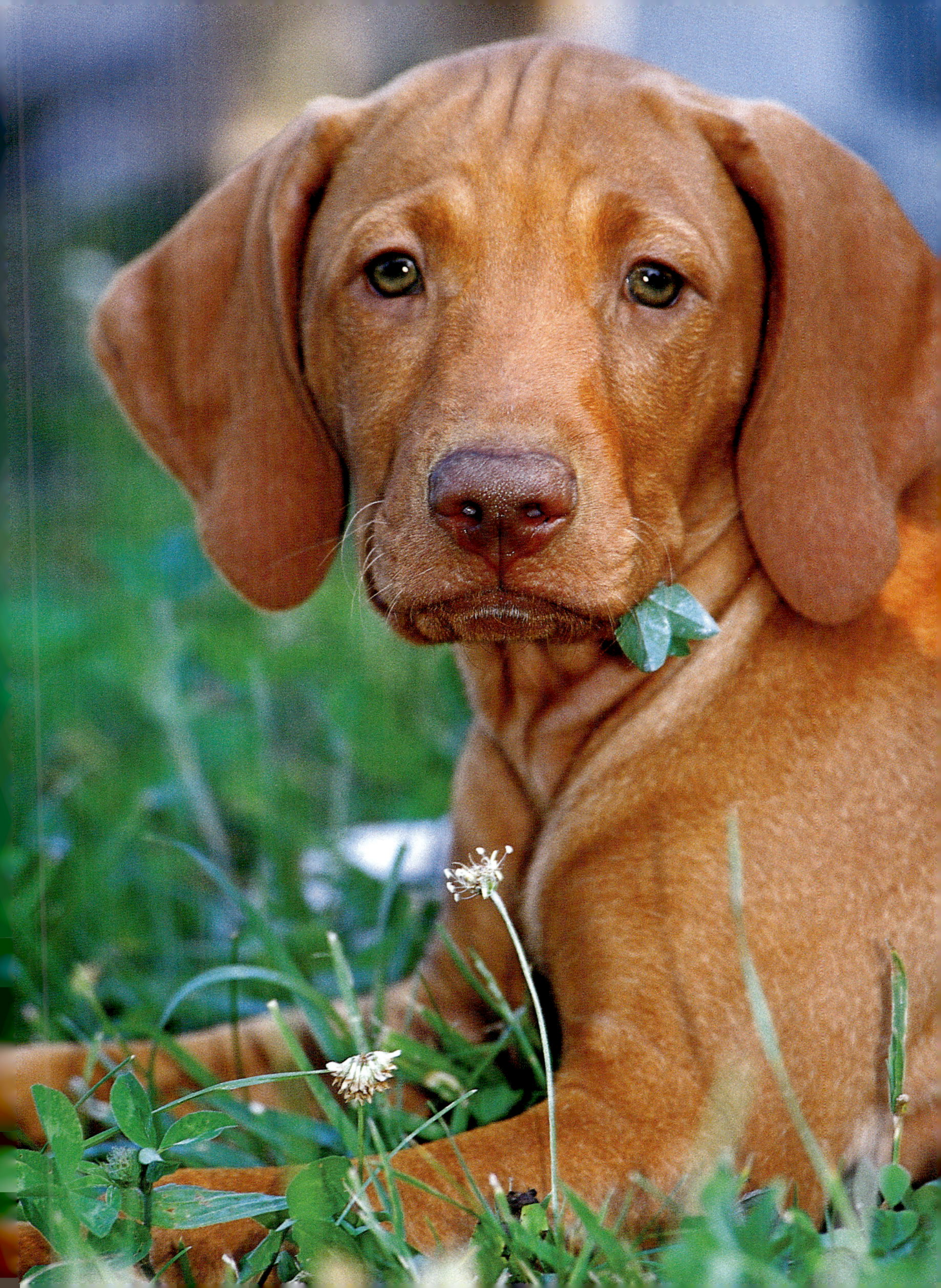

Mehr Wissen, mehr Spass

Kompetent, fundiert, leicht verständlich. Unsere Autorinnen und Autoren sind versierte Hunde- und Katzenkenner, Tierärzte, Spezialisten für Verhaltensfragen und weitere sachkundige Experten. Vielfältigkeit, aktuelles Wissen und praktische Tipps zeichnen unsere Publikationen aus.

Das Schweizer Hunde Magazin und das Katzen Magazin berichten über alles Wissenswerte aus der Hunde- und Katzenwelt. Die beiden Zeitschriften informieren darüber, wie Hunde oder Katzen tiergerecht gehalten werden können und wie ihre Körpersprache zu interpretieren ist. Vielfältige Themen wie Verhaltensforschung, Rasseporträts, schulmedizinisches Wissen, alternative Heilmethoden, spannende Reportagen und gute Unterhaltung erwarten Sie in jeder Ausgabe – der Geheimtipp für alle, die Hunde und Katzen lieben und sie besser verstehen wollen. Einen Einblick in unsere abwechslungsreichen Magazine und ausführliche Informationen zum Downloaden finden Sie unter:
www.hundemagazin.ch oder
www.katzenmagazin.ch.

Schweizer Hunde Magazin
erscheint 9x jährlich,
Einzelpreis: CHF 7.70 / € 5.–

Besser informiert
Die vier Sonderdrucke des Schweizer Hunde Magazins sind kostenlos erhältlich. Der schriftlichen Bestellung muss ein adressiertes und frankiertes Rückantwortcouvert (C4) beigelegt werden. Grössere Mengen liefern wir nach Absprache mit unserem Sekretariat gegen einen Unkostenbeitrag.

Katzen Magazin
erscheint 6x jährlich,
Einzelpreis: CHF 7.70 / € 5.–

RORO-PRESS VERLAG AG

Basiswissen aus erster Hand

Sonderdruck Nr. 1
«Spielend vom Welpen zum Hund»
von Dina Berlowitz und Heinz Weidt
32 Seiten, kostenlos erhältlich solange Vorrat

Sonderdruck Nr. 2
«Hunde verstehen – Signale rechtzeitig sehen»
von Dina Berlowitz und Heinz Weidt
8 Seiten, kostenlos erhältlich solange Vorrat

Sonderdruck Nr. 3
«Kind und Hund – ein glückliches Zusammenleben ist nicht nur Glücksache»
von Denise Gaudy
8 Seiten, kostenlos erhältlich solange Vorrat

Sonderdruck Nr. 4
«Eigendynamisches Lernen – Die Entfaltung des natürlichen Lernverhaltens»
von Andrea Weidt, Dina Berlowitz und Heinz Weidt
32 Seiten, kostenlos erhältlich solange Vorrat

Sonderausgabe Nr. 1
«Lernen und Verhalten – Bausteine zum Wesen des Hundes»
von Dina Berlowitz, Heinz Weidt sowie weiteren Autoren
148 Seiten
ISBN 978-3-9523030-1-6
CHF 24.– / € 16.–

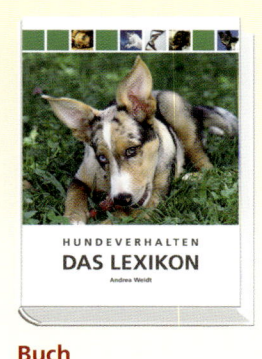

Buch
«HUNDEVERHALTEN – DAS LEXIKON»
von Andrea Weidt
Hundeverhalten von A–Z verständlich erklärt. Mit zahlreichen Farbfotos und aussagekräftigen Grafiken, gebunden, 268 Seiten
ISBN 978-3-9523030-0-9
CHF 29.50 / ~ € 19.50

RORO-PRESS VERLAG AG
Erlenweg, CH-8305 Dietlikon. Tel. +41 44 835 77 35, Fax +41 44 835 77 05
info@hundemagazin.ch   www.hundemagazin.ch